Zeichnen Grundlagen

Das Grundwissen der Zeichentechnik

von Markus S. Agerer

Impressum

Markus S. Agerer

Zeichnen Grundlagen
Das Grundwissen der Zeichentechnik

ISBN-13: 978-1978201422

Texte: Markus S. Agerer
Abbildungen: Markus S. Agerer
Umschlaggestaltung: Markus S. Agerer

Copyright: © 2017 Markus S. Agerer

Bürgermeister-Haidacher-Straße 1
82140 Olching
Deutschland

email: markus-agerer@web.de
web: www.markus-agerer.de

Dieses Buch, seine Teile sowie das Bildmaterial sind – wenn nicht anders vermerkt – urheberrechtlich geschützt. Es darf nicht in einer vom Gesetz abweichenden Weise ohne Einwilligung des bzw. der Urheber/-s verwendet oder verwertet werden.

Der Autor und Illustrator hat alle Inhalte mit größtmöglicher Sorgfalt erstellt. Es kann trotzdem keinerlei Haftung bei Fehlern übernommen werden und deren direkte oder indirekte Folgen.

Inhaltsverzeichnis

1 Einleitung 6
   1.1 Was ist eine Zeichnung? 7
   1.2 Die Geschichte der Zeichnung 12
2 Sehen, verstehen und zeichnen 16
   2.1 Das Auge 16
   2.2 Das Gehirn 17
   2.3 Die Hand 22
   2.4 Alle zusammen 22
3 Materielle Mittel 26
   3.1 Bleistift – Grafitstift 26
   3.2 Farbstifte / Buntstifte 28
   3.3 Kohle 29
   3.4 Tusche & Tinte 30
   3.5 Marker 31
   3.6 Kreide / Pastellkreide 32
   3.7 Ölpastelle 33
   3.8 Weiteres Equipment zum Zeichnen 33
4 Bildnerische & Gestalterische Mittel 38
   4.1 Die Linie 38
   4.2 Der Punkt 40
   4.3 Die Fläche 40
   4.4 Das Hell-Dunkel 42
   4.5 Übungen Bildnerische Mittel 43
5 Zeichentechniken 52
   5.1 Ziel beim Einsatz von Zeichentechniken 53
   5.2 Die wichtigsten Zeichentechniken 54
6 Übungen – Schraffur 72
   6.1 Flächen schraffieren 72
   6.2 Hell-Dunkel-Verlauf schraffieren 74
   6.3 Hell-Dunkel-Verlauf mit unterschiedlichen Bleistiften 75
   6.4 Berge mit Luftperspektive 76
   6.5 Berge mit Kreuzschraffur 80
7 Dreidimensionale Körper darstellen 84
   7.1 Übungen 84

7.2	Schatten zeichnen	88
7.3	Schatten konstruieren und zeichnen	89
7.4	Darstellung eines Zylinders	92
7.5	Darstellung einer Kugel	95
7.6	Andere Körper	96
7.7	Licht und Schatten	97
8	Zeichnen lernen	102
8.1	Zeichnen	103
8.2	Das Vorgehen beim Zeichnen	104
9	Übungen – Objekte realistisch zeichnen	110
9.1	Klapptisch	110
9.2	Eine Tasse zeichnen	112
9.3	Eine Teekanne zeichnen	121
9.4	Stuhl in Kritzelschraffur	126
9.5	Tube	128
9.6	Cola-Dose	132
9.7	Weinglas	137
10	Ein Stillleben zeichnen	144
10.1	Stillleben	144
10.2	Bildkomposition Stillleben	145
10.3	Tipps für das Abzeichnen	146
10.4	Das Stillleben zeichnen	146
11	Abzeichnen mit der Rastermethode	152
11.1	Übung	152
12	Ein Stillleben mit Kohle zeichnen	160
12.1	Übung	160
12.2	Übung - Ende	169
13	Tipps für weitere Zeichenübungen	172
14	Schlusswort	176
15	Quellen	177

Einleitung

» Zeichnen heißt weglassen «

- Max Liebermann -

1 Einleitung

Das Zeichnen ist ein wundervolles Hobby und ein großartiger Weg seinem künstlerischen Geist Ausdruck zu verleihen. Wer den ersten Schritt wagen will, kann mit diesem Buch die Grundlagen des Zeichnens lernen. Das Buch richtet sich vor allem an Anfänger aber auch an fortgeschrittene Zeichner.

Der Leser lernt, was eine Zeichnung ausmacht, wie man zeichnen lernt, welche Ausrüstung man benötigt, welche Grundtechniken existieren und wie man die eigenen Fähigkeiten verbessert. Das Hauptaugenmerk liegt dabei auf der grundlegenden Zeichentechnik und deren Anwendung. Somit vermittelt Dir dieses Buch das erforderliche Rüstzeug, um Dich fit zu machen für den tieferen Einstig in Themen, wie das Zeichnen von Tieren, Landschaftsbildern, Menschen und allem anderen.

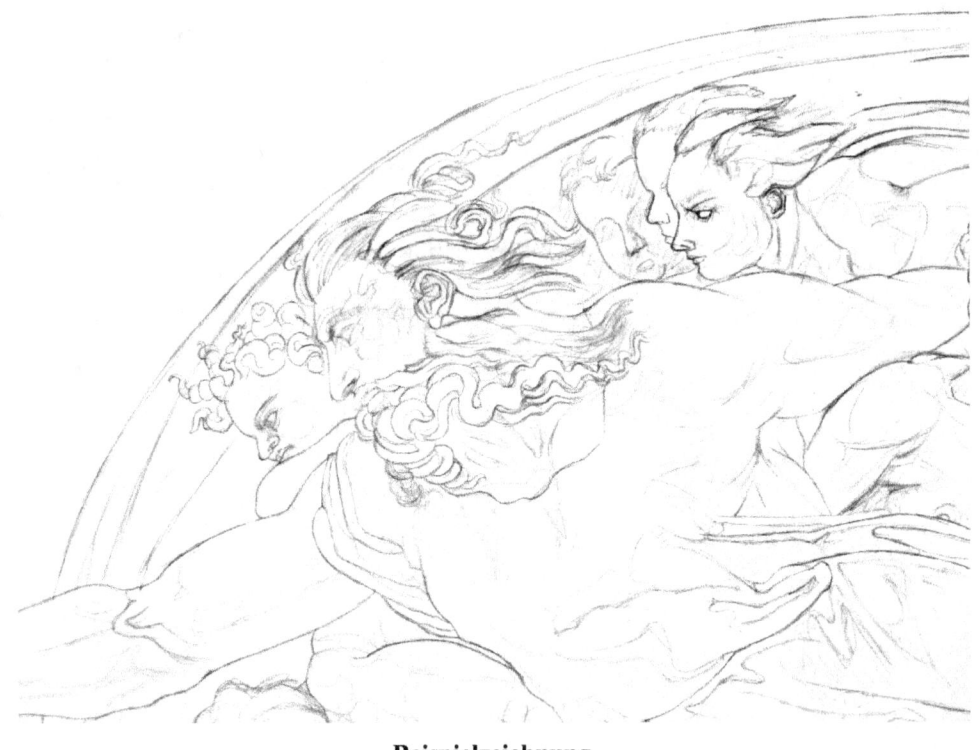

Beispielzeichnung

(Vorlage: Die Erschaffung des Adam, Michelangelo Buonarroti)

Wenn Du dieses Buch in der vorgegebenen Reihenfolge durcharbeitest, hast Du den ersten großen Schritt bereits hinter Dir. Du solltest danach über die wichtigsten Grundlagen rund um das Thema Zeichnen verfügen. Dabei sammelst Du auch tiefergehendes Wissen, was Zeichentechnik, Tonwerte und Darstellungsmethoden angeht.

Da das Wichtigste beim Zeichnen jedoch das Üben ist, findest Du neben der Theorie auch viele passende Übungsbeispiele. Darin kannst Du das Erlernte direkt anwenden und Deine Fähigkeiten nach und nach verbessern. Die Übungen sind auch für Anfänger zu bewältigen und verfolgen immer wieder neue Lernziele. So kannst Du Deine Fähigkeiten kontinuierlich steigern.

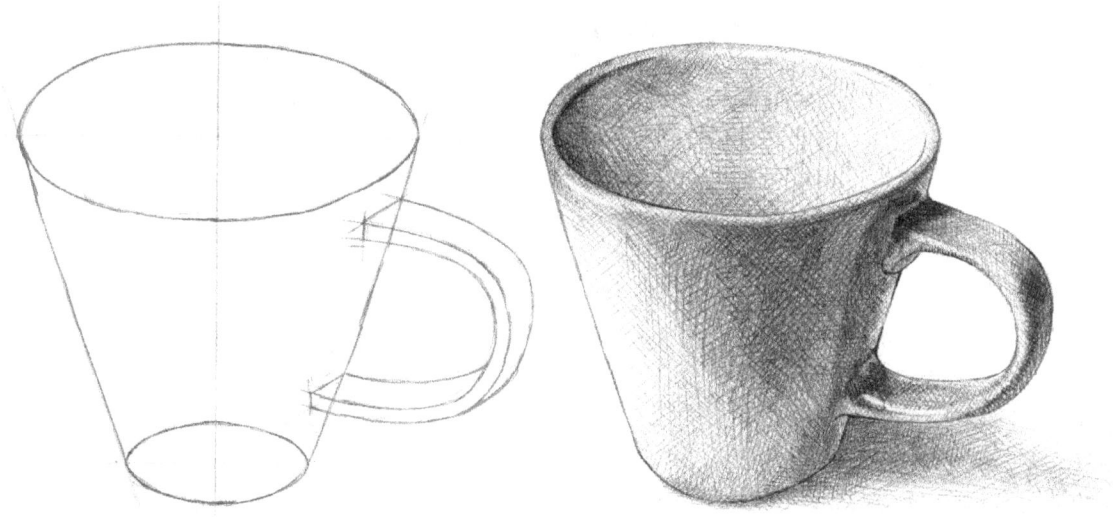

Konstruktion einer Tasse und Schattierung durch Schraffur

1.1 Was ist eine Zeichnung?

Bei einer Zeichnung handelt es sich um eine Darstellung, die charakteristischer Weise mit Linien und Strichen erschaffen wird. Darin unterscheidet sich die Zeichnung von der Malerei, bei der Motive hauptsächlich mit Hilfe von Farben und Tonwerten dargestellt werden. Die Zeichnung gehört zur Kategorie der grafischen Darstellungen, neben Drucken, Mosaiken und Sgraffiti.

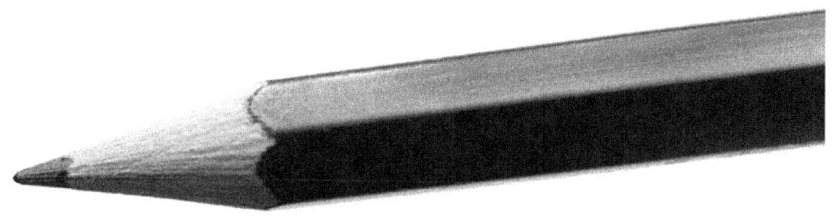

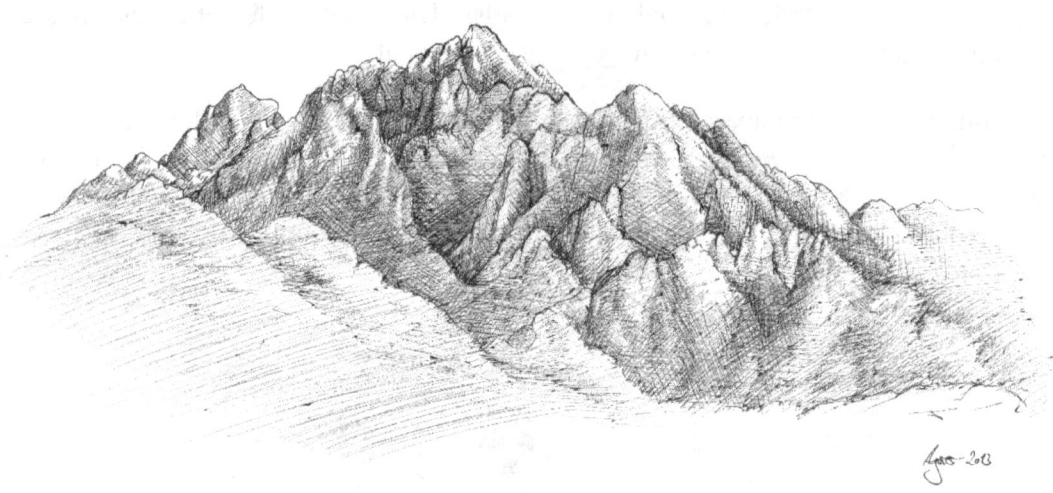

Beispiel für eine Tuschezeichnung
(Vorlage: Studien-Zeichnung von Leonardo da Vinci)

Zeichnerische Mittel

Für die Erstellung einer Zeichnung stehen bestimmte zeichnerische Mittel zur Verfügung, die sich in bildnerische und materielle Mittel einteilen lassen.
Mit bildnerischen Mitteln sind Techniken der Darstellung und Gestaltung gemeint. Genau genommen werden die bildnerischen Mittel Punkt, Linie, Fläche und das Hell-Dunkel eingesetzt. Materielle Mittel sind die Zeichenwerkzeuge. Uns stehen hier Grafitstift (Bleistift), Farbstift (Buntstift), Kohle, Kreide, Tusche und Tinte in Verbindung mit dem entsprechenden Zeichengerät wie Stift, Feder und Pinsel zur Verfügung. Je nachdem, welche bildnerischen Mittel beim Zeichnen verwendet werden sollen, bieten sich bestimmte materielle Mittel bevorzugt an. Hierzu aber mehr in den folgenden Kapiteln.

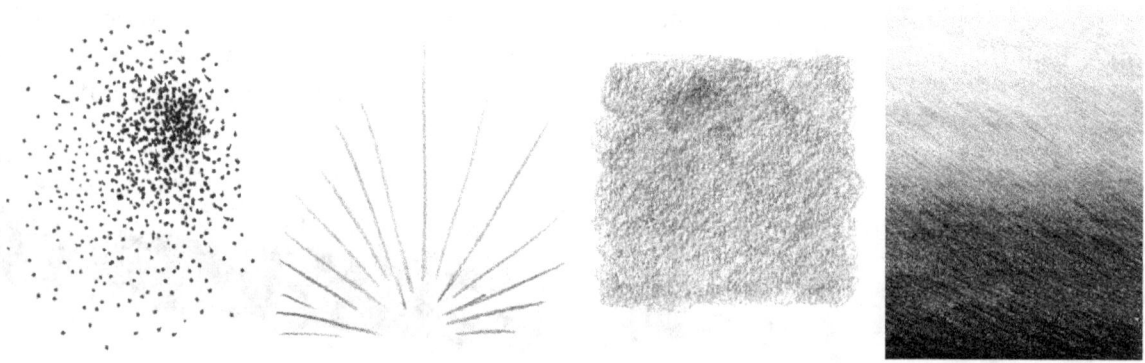

Bildnerische Mittel – Punkt, Linie, Fläche und Hell-Dunkel

Einleitung

Bildnerische Mittel und Gestaltung

Punk

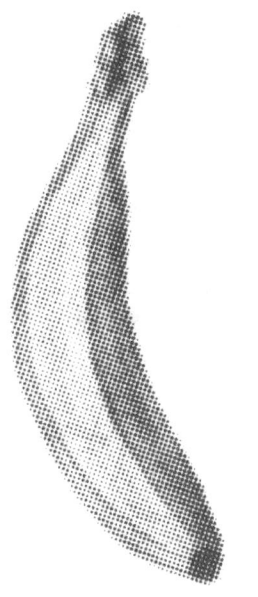

Linie

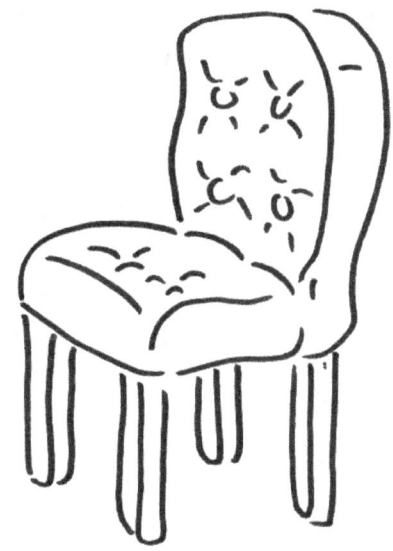

Fläche

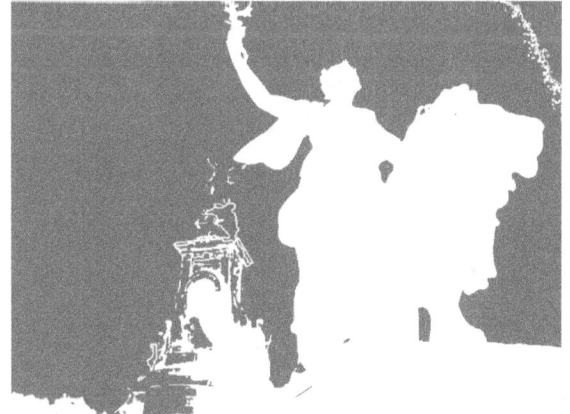

Hell/Dunkel & Struktur

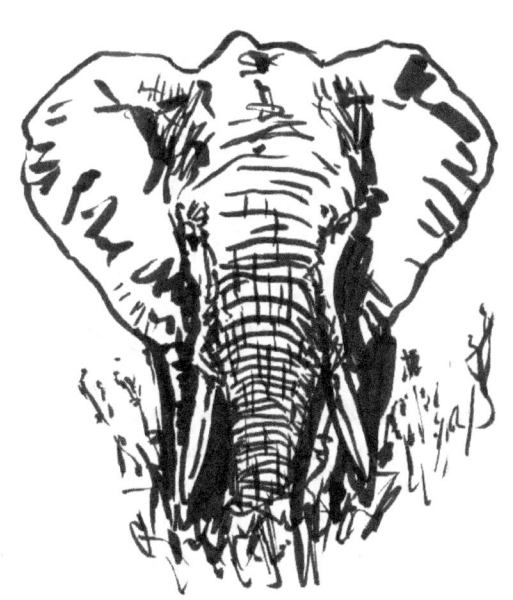

Klassische und moderne Zeichnung

Die Darstellung in einer Zeichnung erfolgt also typischer Weise mit Hilfe von Linien und Strichen. Nach der klassischen Auffassung werden die Umrisse eines Motivs klar dargestellt. Helligkeitsabstufungen, mit denen man auch eine räumliche Wirkung erzeugen kann, werden durch Schraffur umgesetzt. So entsteht ein Kunstwerk, das seine Wirkung durch die Abstufung verschiedener Töne in Grau erhält.

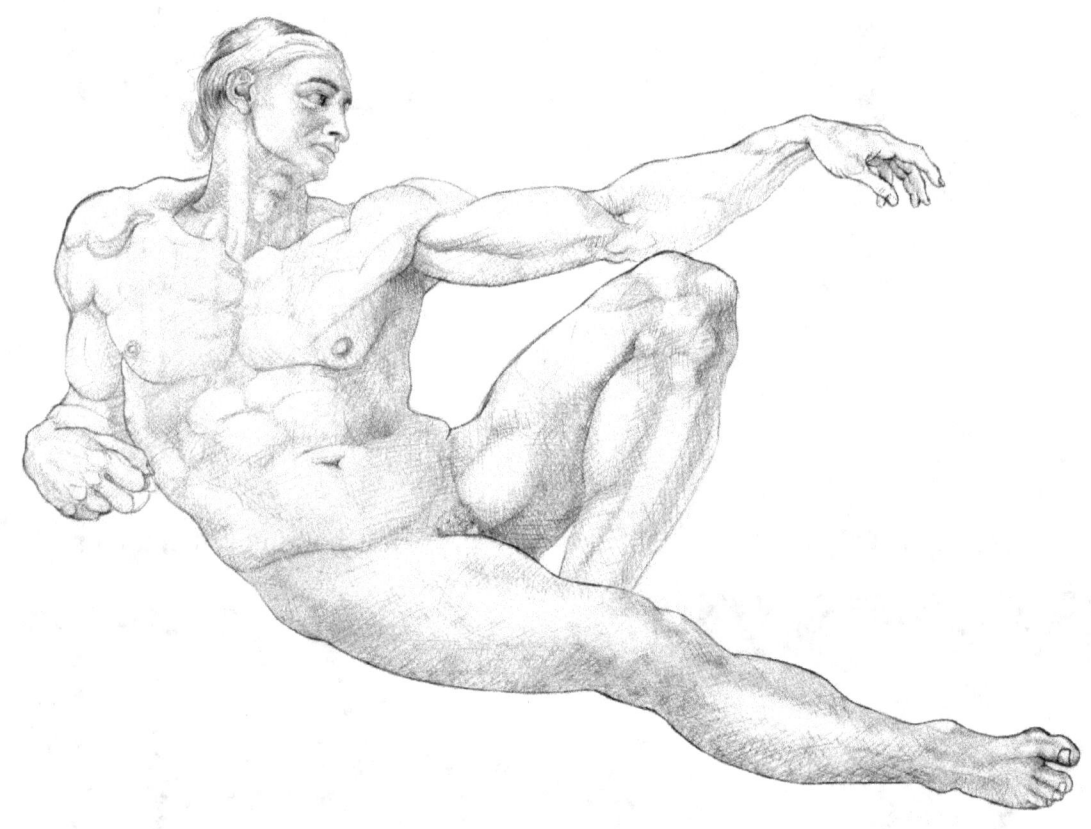

Beispiel für eine klassische Zeichnung

(Vorlage: Die Erschaffung des Adam, Michelangelo Buonarroti)

In der modernen Zeichnung werden demgegenüber viele Mischtechniken verwendet, welche die Grenze zwischen Zeichnung und Malerei verwischen. Anhand der klassischen Kriterien kann hier nicht mehr eindeutig bestimmt werden, ob es sich bei einem Bild um eine Zeichnung oder ein Gemälde handelt. Die Auflösung dieser Grenze war jedoch gerade das Ziel der unterschiedlichen Kunstbewegungen bis zur ersten Hälfte des 20. Jahrhunderts.

Die modernen Formen der Zeichenkunst lassen viele Mischtechniken zu, in denen auch Farben und Pinsel verwendet werden. Bei Pinselzeichnungen wird neben Strichen, Linien und Punkten auch die Lavierung als Darstellungsmittel verwendet. Kohle und Kreide sind materielle Mittel, die sich verwischen lassen, um damit fließende Übergänge zu erzeugen. Die Linie wird aufgelöst. Auch Farbstifte lassen sich so vermalen, dass sie aussehen wie Gemälde.

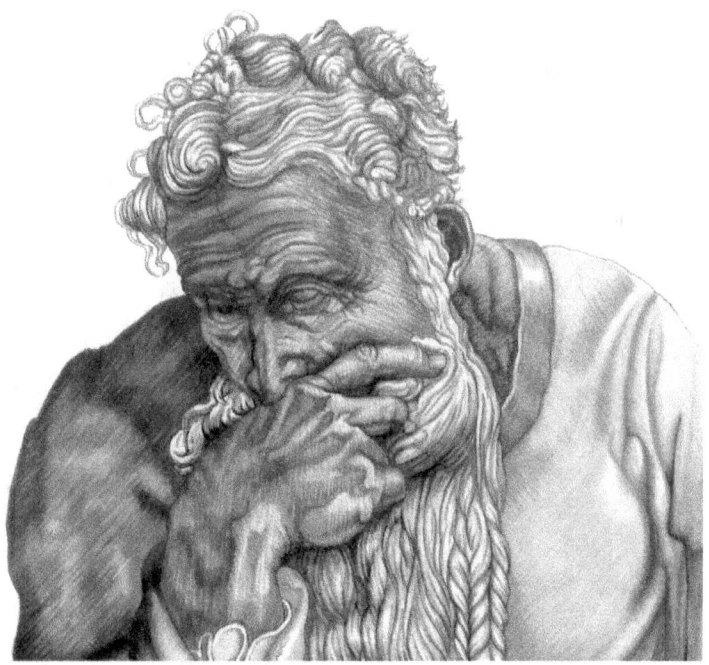

Beispiel für eine Zeichnung in Mischtechnik

1.2 Dieses Buch

Es ist wichtig und auch interessant zu wissen, welche Möglichkeiten innerhalb der Zeichenkunst existieren. Dem Künstler stehen unzählige Varianten zur Verfügung. Als Anfänger sollte man sich davon jedoch nicht verwirren lassen. Darum konzentrieren wir uns in diesem Buch auf das Wesentliche.
Ich beschreibe daher in erster Linien die Techniken der klassischen Zeichnung. Das ist der erste Schritt. Andere Techniken kann man danach erkunden, doch auch dann sind die Grundlagen, die in diesem Buch vermittelt werden, unerlässlich.

1.3 Die Geschichte der Zeichnung

Die Anfänge

Das Zeichnen gehört zu den ältesten Bestrebungen in der Geschichte des Menschen, um sich gestalterisch auszudrücken. Wichtige Funde in den Höhlen von Altamira (Spanien) und Lascaux (Frankreich) werden auf die Zeit um etwa 20000 v. Chr. datiert. In Ermangelung anderer Bildträger wurden Motive in Felswände geritzt, mit Holzkohle oder mit natürlichen Farben aus verschiedenen Pflanzen und Erden auf die Höhlenwände aufgetragen.

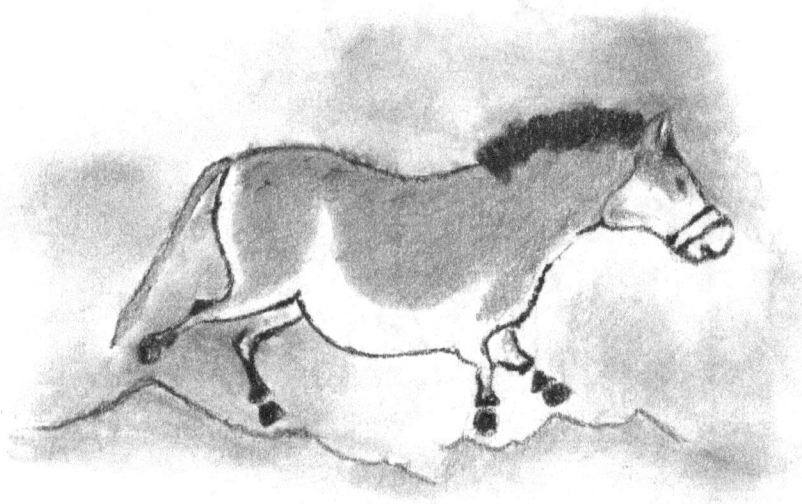

Zeichnung im Stil einer Höhlenmalerei

Die heutige Forschung geht jedoch davon aus, dass die Zeichnungen nicht der künstlerischen Selbstverwirklichung ihrer Schöpfer dienten, sondern ganz klare Funktionen erfüllten. Jagd- oder Kriegsglück sollte beschworen werden, Tiere wie Mammuts, Rinder und Pferde waren bevorzugte Motive. Mit den ersten Hochkulturen erweiterten sich die Arten und Motive der Zeichnung. Die Gemeinsamkeit der Verwendung von Linien ist überall anzutreffen.

Um etwa 3000 v. Chr. entstanden die ersten Wandfresken im alten Ägypten, später im Römischen Reich. Auch wenn bereits die Flächen mit Farben gefüllt wurden, die Linie beherrsche noch immer die Richtung der Gestaltung. Zu einem weiteren bedeutenden Bildträger wurde Gebrauchskeramik wie, ab etwa 1000 v. Chr., die griechischen Ton0vasen. Seit 500 v. Chr. erlangten grundiertes Holz und Pergament, das mit Silberstift bearbeitet wurde, eine größere Bedeutung. Bedingt durch die Vergänglichkeit des Materials sind hiervon allerdings keine Zeugnisse erhalten, wir wissen davon nur aus schriftlichen Überlieferungen.

Die Zeichnung im Mittelalter

Im Mittelalter wird die Zeichnung einerseits für Entwürfe in anderen Künsten wie Malerei, Architektur und Skulptur verwendet, vor allem aber im Bereich der Buchgestaltung. Immer noch ist sie in Funktionen eingebunden und wird noch nicht als eigenständige Kunst betrachtet. In den Kopierstuben der Klöster entstanden von Hand die ersten Bücher in ihrer heutigen Form. Zeichner, Maler und Schreiber ergänzten sich gegenseitig bis zur Fertigstellung eines Buches. Als Trägermaterial diente bis ins 14. Jahrhundert Pergament, also gegerbte, dünne Tierhäute. Danach trat dann das wesentlich billigere Papier seinen Siegeszug in der Geschichte an. Nun wurden Studien und Übungen beim Zeichnen möglich, die früher undenkbar waren. In den Malschulen Europas entstanden Meisterzeichnungen und Skizzenbücher, die auch als Vorlagen für die Schüler dienten.

Die Wende zur Neuzeit

Mit der aufkommenden Renaissance ändert sich das gesamte Kunstverständnis auf dem Kontinent. Zum ersten Mal in der Geschichte wird auch die Zeichnung ein eigenständiges Medium. Die Zentralperspektive wird entwickelt, und die Künstler bemühen sich um eine realistischere Darstellungsweise. Vor allem in Italien, wo die Kunst der Antike zum Idealbild erhoben wird, dient die Zeichnung dem künstlerischen Studium. Als Materialien kommen Kohle, Rötel, Kreide und Silberstift zum Tragen, aber auch Tinte, die mit Feder oder Pinsel auf das Papier aufgetragen wird. Die Erfindung des Drucks fördert aber auch die Herstellung von Holzschnitten, Stichen und anderer Druckgrafik – Techniken, die grundsätzlich auf zeichnerische Mittel zurückgreifen. Die Entwicklung reißt auch im Barock und Rokoko nicht ab. Alleine Rembrandt hinterlässt nach seinem Tod mehr als 2.000 Blätter. Durch die Erfindung neuer Farben im 18. Jh. wie Pastell- und Buntkreiden erfährt die Geschichte der Zeichnung in Europa eine weitere Wende.

Die Moderne

Auch wenn Ende des 19. Jh. in Stilrichtungen wie Impressionismus und Pointillismus die Linie geradezu als verpönt gilt, geht die Zeichnung im modernen Kunstschaffen nicht unter. Im Expressionismus wird sie übersteigert zum kräftigen Strich. Ein Künstler wie Picasso z.B. fertigt Gemälde und Grafiken, die nur aus einer einzigen Linie aufgebaut sind. Andere Künste wie Malerei, Architektur, Skulptur und neue Stilrichtungen drängen die Zeichnung zwar in den Hintergrund. Andererseits gewinnt sie in der populären Kultur an Bedeutung, vor allem in der Gestalt von Comics und Karikaturen.

Die Zeichnung in der Geschichte der ostasiatischen Kunst

Ausgehend von China hat sich die Geschichte der Zeichnung in Ostasien anders entwickelt. Die dort typische Tuschemalerei entstand wohl aus der Kalligrafie mit Hilfe von Pinseln im Zuge der Beschäftigung mit Schriftzeichen und war immer eng mit dem Buddhismus verbunden. Grundsätzlich gilt, dass auch hier die Technik im Laufe der Geschichte immer mehr verfeinert worden ist. Japanische Mönche brachten die chinesische Technik dann in ihre Heimat, wo sie als Sumi-e vor allem von Zen-Buddhisten ausgeübt wurde und nach und nach einen eigenen Stil entwickelte.

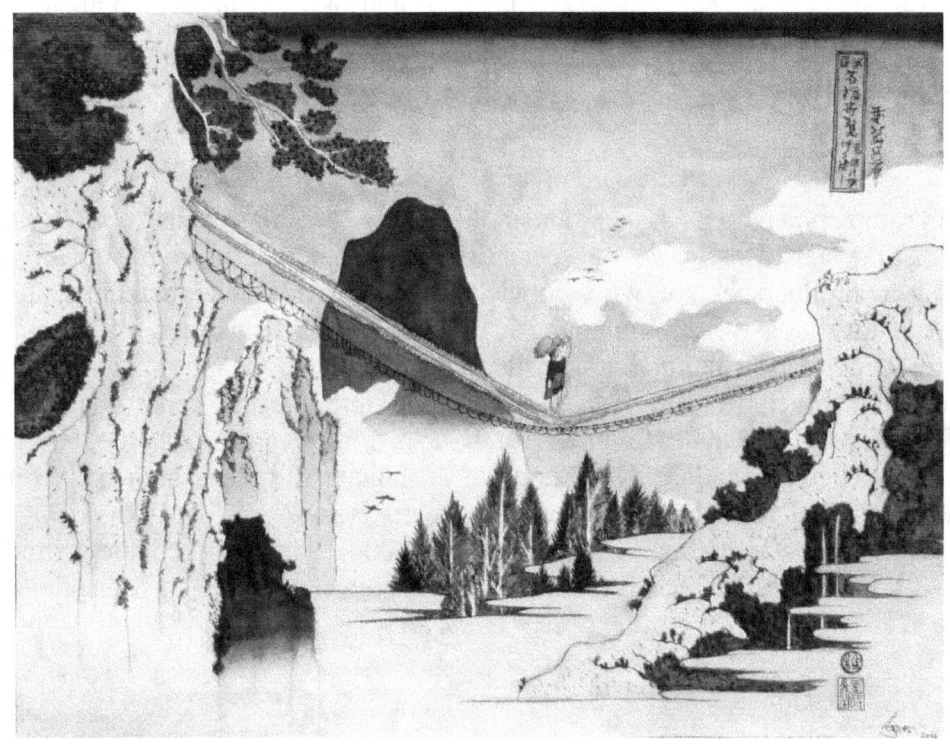

Nachahmung eines japanischen Farbholzschnitts

Die Tuschezeichnungen Chinas und Japans haben wiederum gegen Ende des 19. und Anfang des 20. Jahrhunderts starken Einfluss auf europäische Künstler ausgeübt. Künstler wie Degas, van Gogh, Picasso ließen sich inspirieren bzw. nahmen Stilelemente in ihr eigenes Schaffen auf.
Am Rande sei hier auch der Einfluss der sogenannten Ukiyo-e erwähnt. Dabei handelt es sich um japanische Farbholzschnitte. Einer der berühmtesten Ukiyo-e-Farbholzschnitte ist „Die große Welle vor Kanagawa", die mitunter eines der bekanntesten Kunstwerke weltweit ist.

Sehen, verstehen und zeichnen

» Zeichnen ist eine Form des Nachdenkens auf dem Papier. «

- Saul Steinberg -

2 Sehen, verstehen und zeichnen

Um zeichnen zu lernen, muss man erst lernen richtig zu sehen oder vielmehr lernen das Gesehene richtig wahrzunehmen und zu verstehen.
Wir haben ein Objekt in der realen Welt und möchten dieses Objekt als Bildmotiv mit dem Stift auf einem Papier wiedergeben. Von der Realität bis zur Zeichnung auf dem Papier durchläuft das Motiv mehrere Filter. Diese Filter sind unsere Augen, unser Gehirn und unsere Hand.

2.1 Das Auge

Mit den Augen nehmen wir das Objekt wahr, das wir zeichnen wollen. Es ist der erste Filter. Daher ist es wichtig zunächst für Bedingungen zu sorgen, unter denen man das Bildobjekt einwandfrei sehen kann. Konkret bedeutet das, dass man gute Lichtverhältnisse in den jeweiligen Räumlichkeiten schaffen sollte. Außerdem muss man ja nicht nur das echte Motiv sehen können, sondern auch das, was man selbst gerade zeichnet.
Wenn man von einer Fotovorlage abzeichnen will, heißt das, dass man brauchbares Bildmaterial zur Verfügung haben muss. Fotos müssen scharf sein, um alle Details erkennen zu können. Sobald man nicht erkennen kann, was man zeichnet, kann man auch nicht verstehen, was man zeichnet. Dann kann man nur plump abzeichnen. Wenn man die Fotos selbst erstellt, ist es deshalb ratsam zusätzliche Detailaufnahmen zu machen.

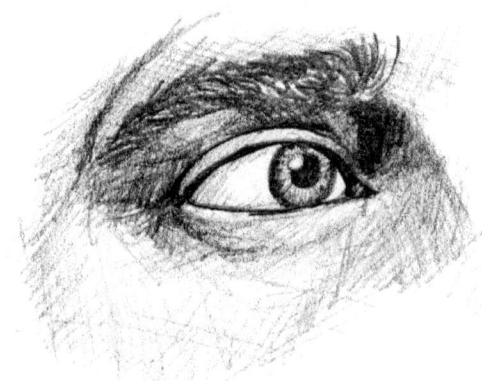

Aber auch unter den idealsten Umgebungsbedingungen filtern unsere Augen noch Informationen heraus. Der Grund: Das Auge bekommt von der Umwelt mehr Informationen, als es zum Gehirn weiterleiten kann. Das kann sogar rechnerisch aus der Anzahl der Nervenzellen im Sehnerv und der Erholungszeit der Nervenzellen ermittelt werden.

Daher beginnt die Filterung – und damit die Reduzierung - der Informationen schon auf der Strecke von den Augen zum Gehirn.

2.2 Das Gehirn

In unserem Gehirn wird das Gesehene weiterverarbeitet. Das Gehirn ist ein weiterer Filter, der vermeintlich Wichtiges von Unwichtigem trennt. Dabei können viele für das Zeichnen wichtige Informationen verloren gehen – Farb- und Lichtreflexionen, Strukturen, Schatten, Proportionen etc.
Außerdem interpretiert unser Gehirn das Gesehene auf Basis von Erfahrungen. Eine äußerst wichtige Erkenntnis auf dem Weg zeichnen zu lernen ist der folgende Satz:

Man zeichnet nicht was man sieht, sondern was man kennt.

Die Arbeit des Gehirns ist beim Zeichnen also manchmal hinderlich, erfüllt im normalen Leben aber wichtige Aufgaben. Beispielsweise sieht das Gesicht einer Person, von verschiedenen Seiten betrachtet, jeweils komplett anders aus – alleine, wenn das Licht von einer anderen Richtung auf das Gesicht fällt, ändert sich die Optik vollkommen. Unser Gehirn hat jedoch die Fähigkeit, eine bestimmte Person aus den unterschiedlichsten Blickwinkeln und unter den unterschiedlichsten Lichtverhältnissen zu erkennen. Warum? Weil es die Daten, die von den Augen kommen, interpretiert und weiterverarbeitet.

Wenn wir zeichnen, müssen wir also versuchen nicht die Interpretation unseres Gehirns abzubilden. Wir müssen vielmehr lernen alles so zu zeichnen, wie wir es wirklich sehen. Wir müssen uns für das Zeichnen sozusagen dumm stellen, um das Motiv unvoreingenommen wahrzunehmen.
Beispiele, die uns diese Erkenntnis verdeutlichen, sind die vielen optischen Tricks, die wir alle kennen. Zwei Beispiele sind im Folgenden zu sehen.

Optische Täuschungen

Das folgende Bild zeigt ein Beispiel für eine optische Täuschung, die aus einer Wahrnehmungstäuschung des Gehirnsinns entsteht. Die waagrechten Linien in diesem Bild wirken leicht schräg, in abwechselnd entgegengesetzten Winkeln. In Wirklichkeit sind jedoch alle Linien parallel.

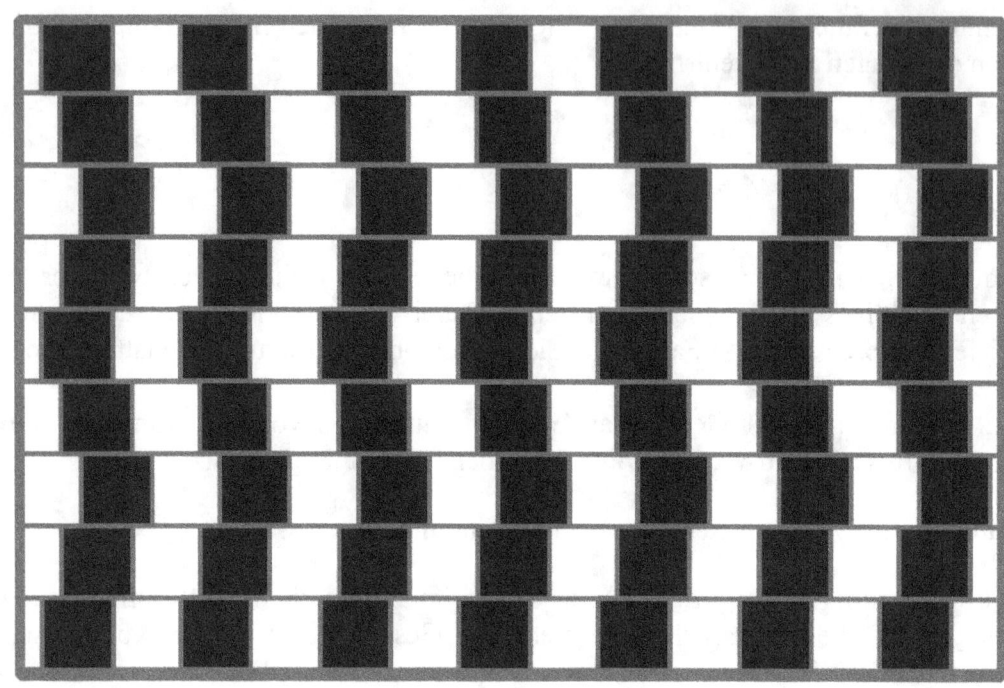

Beispiel für eine optische Täuschung

Das nächste Beispiel zeigt, wie leicht man bei der Bewertung eines Grautons falsch liegen kann. Das folgende Bild zeigt ein Schachbrett, auf dem ein Zylinder steht. Der Zylinder wirft einen Schatten auf das Schachbrett und verdunkelt dadurch einen Teil der Quadrate.
Betrachtet man die Quadrate A und B genauer, wird man zunächst zu der Auffassung gelangen, dass der Grauton von Quadrat A dunkler ist als der von Quadrat B. Schließlich ist es ersichtlich, dass bei dem Muster auf dem Schachbrett, das Quadrat B ein weißes Feld ist, während Quadrat A ein schwarzes Feld ist.

Sehen, verstehen und zeichnen

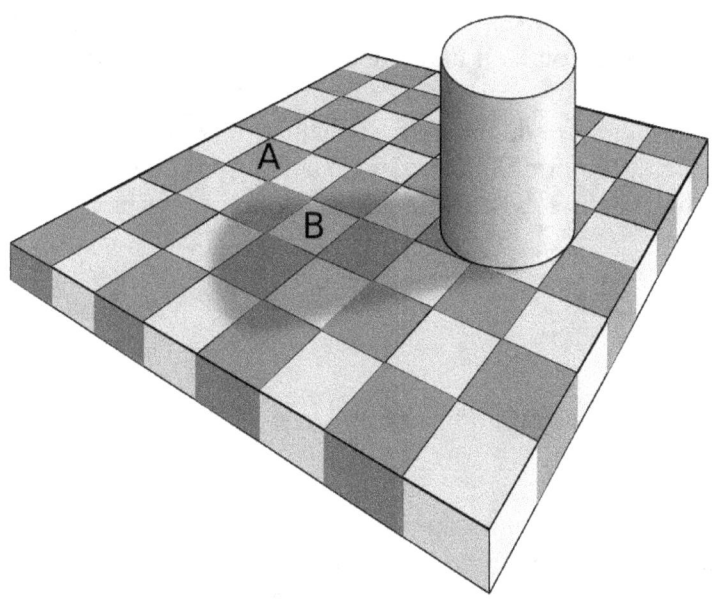

Optische Täuschung – Feld A und B sind gleichhell

Die Wahrheit ist jedoch, dass beide Quadrate den gleichen Grauton aufweisen. Im folgenden Bild kannst Du den Beweis dafür sehen.

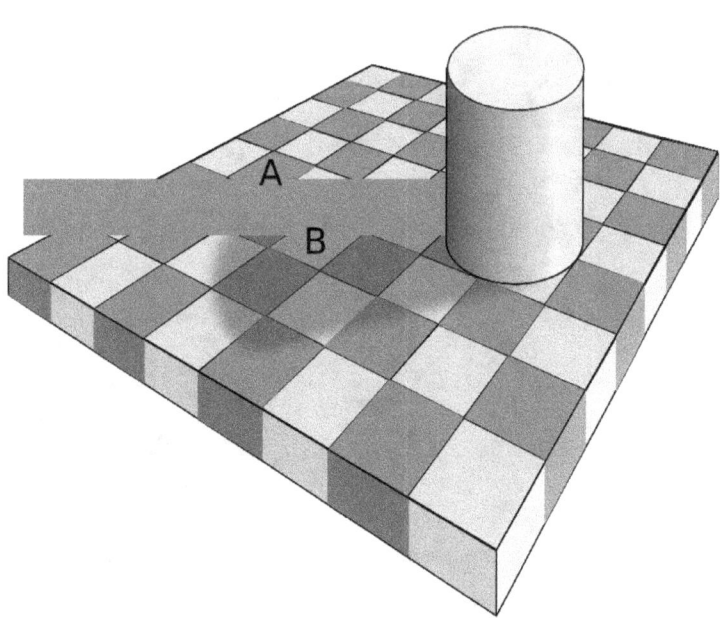

Optische Täuschung – Feld A und B sind gleichhell

So schnell kann man sich also irren. Daher ist es oft sehr schwierig, realistische Bilder zu zeichnen. Bei der Darstellung von Hell und Dunkel können sich auf diesem Wege schnell Fehler einschleichen.

Das ist außerdem auch der Grund, weshalb so häufig das dem Thema „richtiges Sehen" im Bezug auf das Zeichnen aufkommt. Vielen Zeichenanfängern ist dieses Thema lästig, da man ja *zeichnen* lernen will und nicht *sehen*. Tatsache ist jedoch, dass beides untrennbar miteinander verknüpft ist.

Anwendung

Hier ein praxisnaher Anwendungsfall für das genaue Betrachten: Eine einfache Tasse (siehe folgende Abbildung).

Wir erkennen sofort, dass es sich um eine Tasse handelt. Wir erkennen auch schnell, dass die Tasse eine leicht konische Form hat und einen Henkel. Aber ist Dir auch aufgefallen, dass der Henkel einen leichten Schatten auf die Tasse wirft? Er spiegelt sich oben sogar ein bisschen in der Tasse. Auch sonst entdeckt man bei genauerer Betrachtung viele Lichtreflexionen im Henkel und an der Tasse, die man beim ersten Blickt nicht erkannt hat.

Wir kommen bei einer der später folgenden Zeichenübungen außerdem noch mal auf diese Tasse zurück.

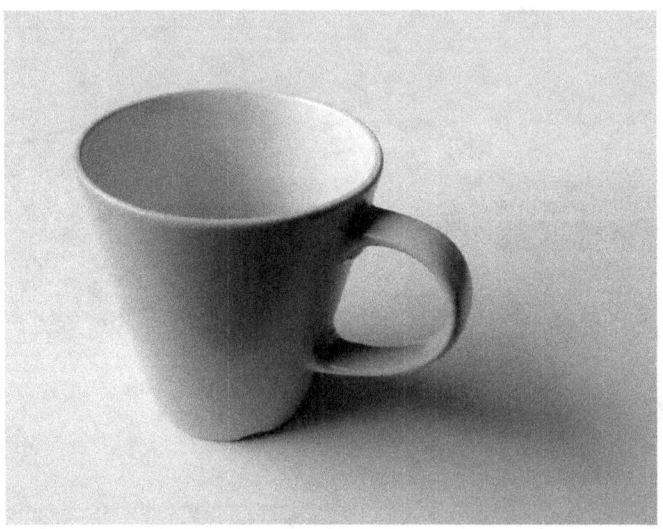

Tasse als Beispiel für die genaue Betrachtung eines Zeichenobjektes

Ein Hilfsmittel zur Bewertung der Grautöne findet man in Bildbearbeitungsprogrammen. Beispielsweise kann man in Photoshop Elements über den Menüpunkt „Filter ->

Anpassungsfilter -> Tonwerttrennung" einen stufenweisen Tonwertverlauf einstellen, wie im folgenden Bild zu sehen ist.

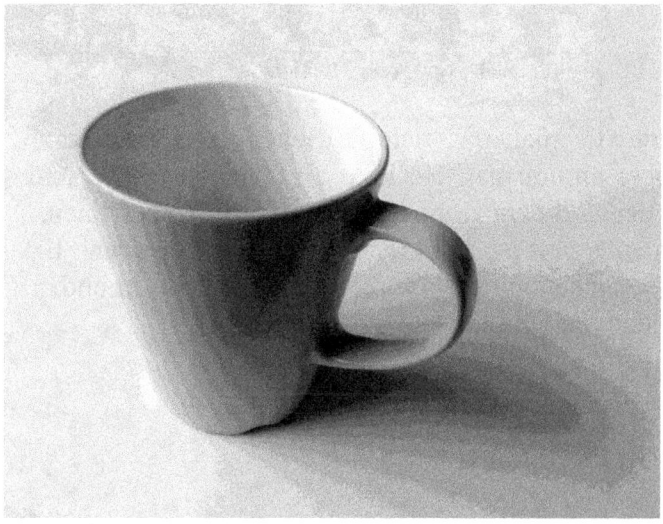

Stufenweiser Tonwertverlauf durch eine Bildbearbeitungssoftware erzeugt

Mit diesem Hilfsmittel fällt es vielen Menschen leichter die Grautöne richtig zu erkennen und damit auch richtig zu zeichnen.
Man kann sich zusätzlich Referenz-Flächen erzeugen (die Rechtecke im folgenden Bild). Damit vergleicht man die Grautöne in den verschiedenen Bereichen des Bildes und kann dadurch eine Zeichnung leichter umsetzen.

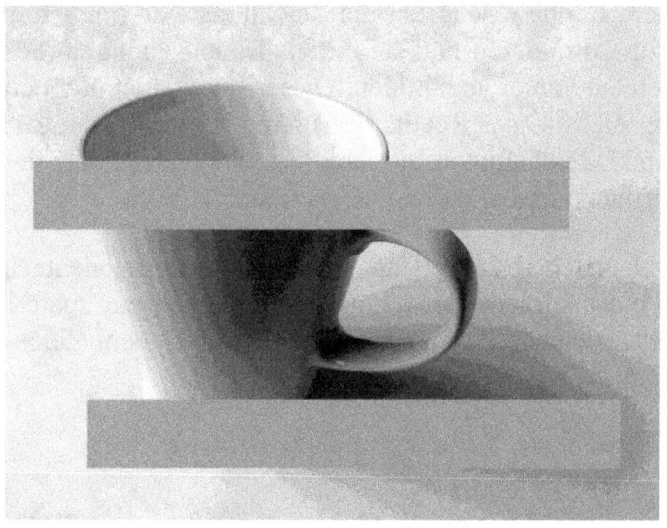

Vergleich von Grautönen mit Hilfe von Referenzflächen

Als zusätzliche Hilfe findest Du am Ende des Buchs eine Grauskala mit unterschiedlichen Tonwerten, die Du herausschneiden kannst. Damit kann man bei Verwendung einer Fotovorlage direkt vergleichen, welche Bereiche welchem Tonwert entsprechen.

Tipp – Zeichenübung für richtiges Sehen

Eine Zeichenübung, mit der man das richtige Sehen verbessern kann, ist das *auf den Kopf gestellte Zeichnen*. Dabei nimmt man ein Foto als Zeichenvorlage und stellt es auf den Kopf. Man versucht nun von dem auf dem Kopf stehenden Bild abzuzeichnen.
Die Wirkung, die man so erzielt ist, dass man nicht auf vorhandene Erfahrungen zurückgreifen kann. Man muss das Zeichenobjekt komplett von neuem erkunden. Dadurch schärft man automatisch die Wahrnehmung und lässt sich nicht täuschen.

2.3 Die Hand

Der letzte Filter beim Zeichnen ist die Hand, die den Stift führt. Die Hand ist das Instrument, welches das vom Auge Gesehene und vom Gehirn Verstandene umsetzt. Die Umsetzung erfolgt über die bildnerischen Mittel (Punkt, Linie, Fläche, Hell-Dunkel) und die materiellen Mittel (Bleistift, Farbstift, Tusche, Kohle, etc). Außerdem ist natürlich auch ein wenig Talent, Zeichentechnik und Übung bzw. Erfahrung ein wichtiger Bestandteil bei diesem Schritt.

2.4 Alle zusammen

Auge, Gehirn und unsere Hände erschaffen die Zeichnung. Sie müssen alle zusammenarbeiten, um die reale Umwelt zu abstrahieren und sie mittels Linien, Punkten, Schraffuren oder anderen Zeichentechniken auf einem Papier abzubilden. Dieser Prozess ist nicht einfach, da diese Linien, Punkte und Schraffuren nicht in der Realität existieren. Einem Anfänger fällt es daher oft sehr schwer zufriedenstellende Zeichnungen zu schaffen. Doch nur Mut, der Weg dorthin besteht eben aus Theorie, experimentieren und üben, üben, üben.

Bevor wir uns die bildnerischen Mittel und verschiedenen Zeichentechniken näher ansehen, kommen wir zuerst zu einer kurzen Vorstellung der verschiedenen materiellen Mittel. Damit ist es einfacher zu verstehen, welche Zeichentechniken mit welchem Zeichenwerkzeug bevorzugt umgesetzt werden können.

Sehen, verstehen und zeichnen

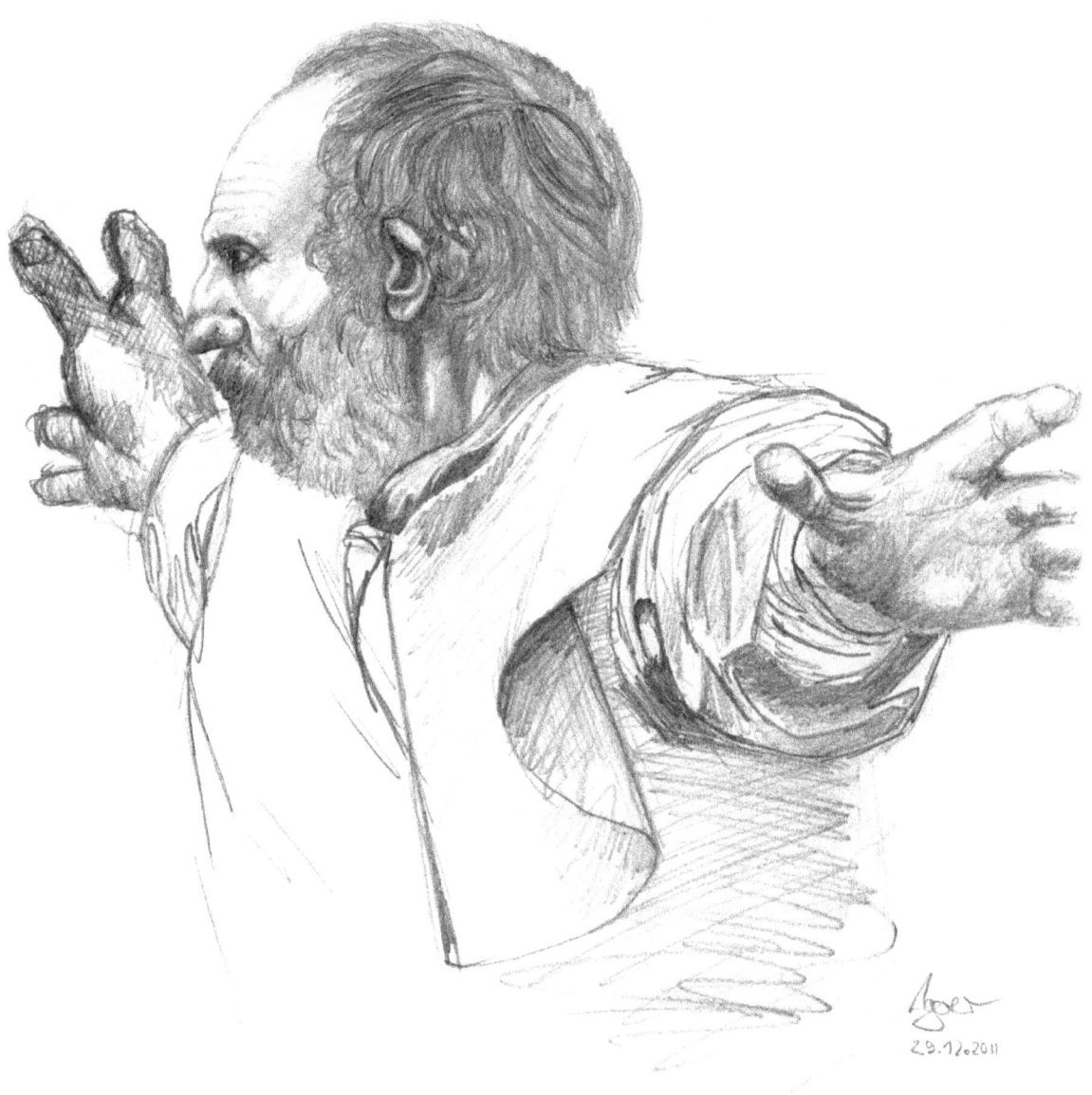

**Beispiel-Zeichnung für eine schwierig zu zeichnende verkürzte Perspektive der Arme
(Vorlage: Das Abendmahl in Emmaus, von Caravaggio)**

Materielle Mittel

» Ein Mann, der recht zu wirken denkt, muss auf das beste Werkzeug halten.«

- Johann Wolfgang von Goethe –

3 Materielle Mittel

An dieser Stelle werden die verschiedenen Zeichenwerkzeuge kurz beschrieben. Wenn man die verschiedenen materiellen Mittel und ihre Eigenschaften kennt, ist es einfacher abzuschätzen, wann sich welches Zeichenwerkzeug am besten eignet.

3.1 Bleistift – Grafitstift

Eines der wichtigsten Zeichenwerkzeuge ist der Bleistift bzw. Grafitstift. Die Bezeichnung Bleistift ist historisch bedingt und eigentlich falsch, da die Mine aus Grafit besteht und nicht aus Blei. Das Grafit, das man bis ins späte 18. Jahrhundert für die Minen der Stifte verwendet hatte, wurde jedoch fälschlicher Weise für ein Bleierz gehalten. Dadurch hat sich die Bezeichnung Bleistift etabliert.
Seit dem 19. Jahrhundert bestehen die Minen aus einem Grafit-Ton-Wasser-Gemisch, welches je nach Mischungsverhältnis unterschiedliche Härtegrade erzeugt.

Bleistifte haben große Vorteile: Man kann unterschiedlich starke Linien ziehen, indem man den Anpressdruck beim Zeichnen kontrolliert und man kann gezeichnete Linien wieder wegradieren. Durch verschiedene Härtegrade der Bleistiftminen lassen sich noch leichter unterschiedliche Grautöne (bzw. Tonwerte) zeichnen. All dies sind Vorteile, die zum Beispiel ein Tuschestift nicht bieten kann.

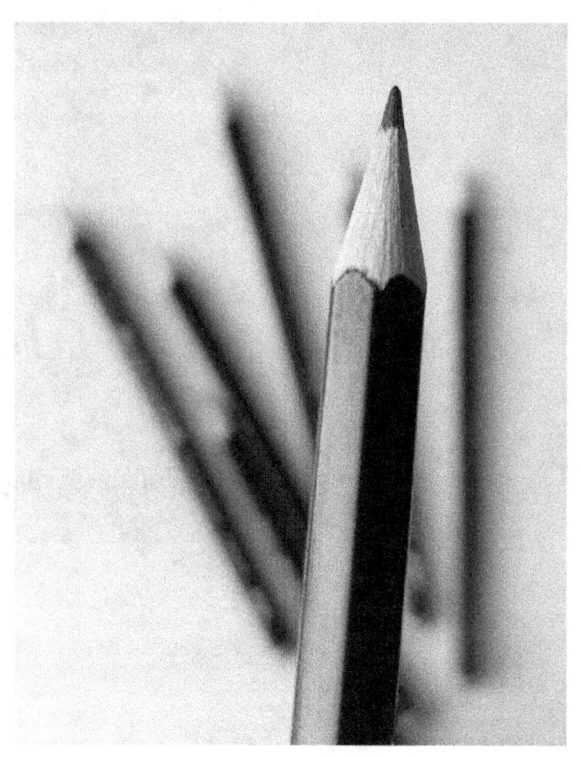

Bleistift / Grafitstift

Nachteil ist, dass man den Bleistift hin und wieder anspitzen muss. Weitere Nachteile gegenüber Tusche sind, dass es mit dem Bleistift nicht möglich ist tiefschwarzen Töne zu erzeugen und die Bleistiftzeichnung verwischt werden kann, wodurch sie unscharf wird. Außerdem reflektiert Licht durch das Grafit, wenn man in einem entsprechenden Winkel auf die Zeichnung blickt.

Härtegrade

Wichtig beim Zeichnen mit Bleistiften bzw. Grafitstiften ist, dass man Kenntnis über die unterschiedlichen Härtegrade hat. Weiche Bleistifte werden mit einem B gekennzeichnet, harte Bleistifte mit einem H und mittlere Härtestufen mit F bzw. HB. Vor dem Buchstaben steht häufig eine Zahl, die den Grad der Härte bzw. Weichheit angibt. Weiche Bleistifte (Kennzeichnung = B) sind umso weicher, je höher die Zahl ist. Harte Bleistifte (Kennzeichnung = H) werden mit steigender Ziffer immer härter.

Anwendung der unterschiedlichen Bleistifthärten

Beim Zeichnen kann man harte Bleistifte für feine Linien einsetzen, oder wenn man sehr helle Bereiche zeichnet. Sie eigenen sich auch für technische Skizzen oder für Vorzeichnungen. Weiche Bleistifte erzeugen dunklere und dickere Linien. Man kann damit sehr dunkle Bereiche zeichnen. Häufig werden sie auch für Studien und schnelle, ausdrucksstarke Skizzen verwendet. Will man dünne Linien mit einem weichen Bleistift zeichnen, muss man relativ oft nachspitzen.

Kennzeichnung	Härtegrad	Verwendung
9B (Black) 8B 7B 6B 5B	sehr weich	sehr dunkle Bereiche; Skizzen; Studien
4B 3B 2B B	weich	dunkle Bereiche; Skizzen; Studien
HB (Hard Black) F (Firm)	mittel	alles
H (Hard) 2H 3H 4H	hart	helle Bereiche; Vorzeichnungen; technische Zeichnungen
5H 6H 7H 8H 9H	sehr hart	sehr helle Bereiche; Vorzeichnungen; technische Zeichnungen

Tabelle – Härtegrade für Grafitstifte

3.2 Farbstifte / Buntstifte

Ein Farbstift ist ein Stift mit einer farbigen Mine, die – wie beim Bleistift – von Holz ummantelt ist. Die farbige Mine besteht aus einem Gemisch aus Farbpigmenten, Fetten, Wachsen, Bindemittel, Talkum und Kaolin.

Farbstifte können qualitativ sehr unterschiedlich sein. Man sollte hier nicht die günstigsten Produkte wählen, da dies schnell zu Frust führen kann. Unter Künstlern wird außerdem bevorzugt von Farbstiften gesprochen, da die Bezeichnung Buntstift an qualitativ eher schlechtere Stifte aus Schulzeiten erinnert.

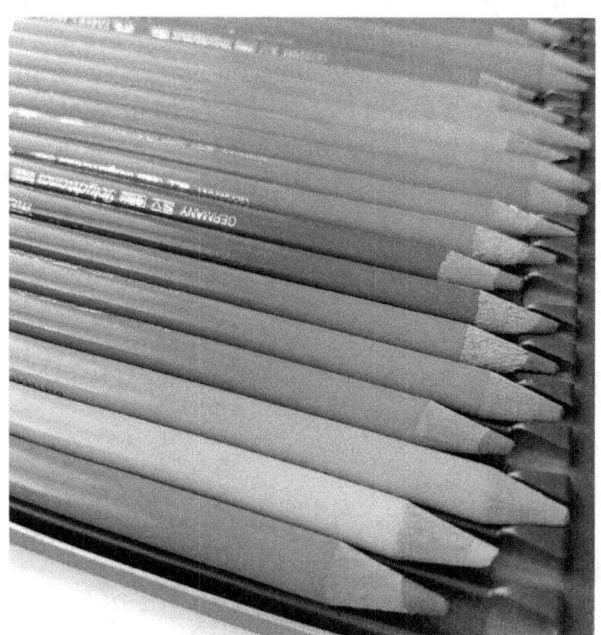

Künstler-Farbstifte in verschiedenen Farben

Anwendung von Farbstiften

Farbstifte können zum Erstellen von farbigen Zeichnungen und Skizzen verwendet werden. Da man sie anspitzen kann, kann man damit auch sehr filigrane Details zeichnen. Dies ist ein Vorteil gegenüber vergleichbaren Zeichenmedien wie Pastellkreide oder Ölkreide.

Mit Farbstiften lassen sich alle Zeichentechniken anwenden, die in diesem Buch auch für das Bleistiftzeichnen beschrieben werden. Zudem kann man mit Farbstiften bereits malerisch arbeiten, da sich die Stifte so ineinander vermalen lassen, dass man keine Striche mehr erkennen kann. Solche Farbstiftzeichnungen mit sattem Farbauftrag wirken in der Tat wie Gemälde.

Für das Malen großer Flächen eigenen sich die Stifte weniger, da es deutlich mehr Arbeit bedeutet als dies z.B. mit Kreiden der Fall wäre.

3.3 Kohle

Auch mit Kohle kann man zeichnen. Die sogenannte Zeichenkohle ist verkohltes Holz. Zeichenkohle gibt es entweder als Stäbchen oder als Kohlestift.

Die Kohle hat einen sehr kräftigen, dunklen Farbauftrag, wodurch man sehr ausdrucksstarke und kontrastreiche Zeichnungen schaffen kann. Man kann mit ihr scharfe Linien zeichnen, aber auch gleichmäßige Flächen. Sie eignet sich außerdem sehr gut zum Verwischen, wodurch man auch großflächig zeichnen kann.

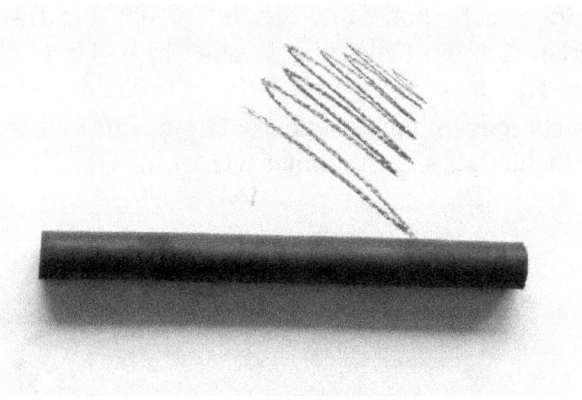

Zeichenkohle

Kohle wird sehr häufig für Portraits und Aktstudien verwendet. Auch die Alten Meister wie Leonardo da Vinci haben Zeichenkohle benutzt, um Entwürfe für ihre Gemälde anzufertigen. Die Kohle gehört neben der Pastellkreide zu den sogenannten *losen Zeichentechniken*. Sie fällt dementsprechend leicht vom Papier ab oder kann nachträglich (ungewollt) verwischt werden. Daher muss eine fertige Zeichnung abschließend mit einem geeigneten Fixativ behandelt werden.

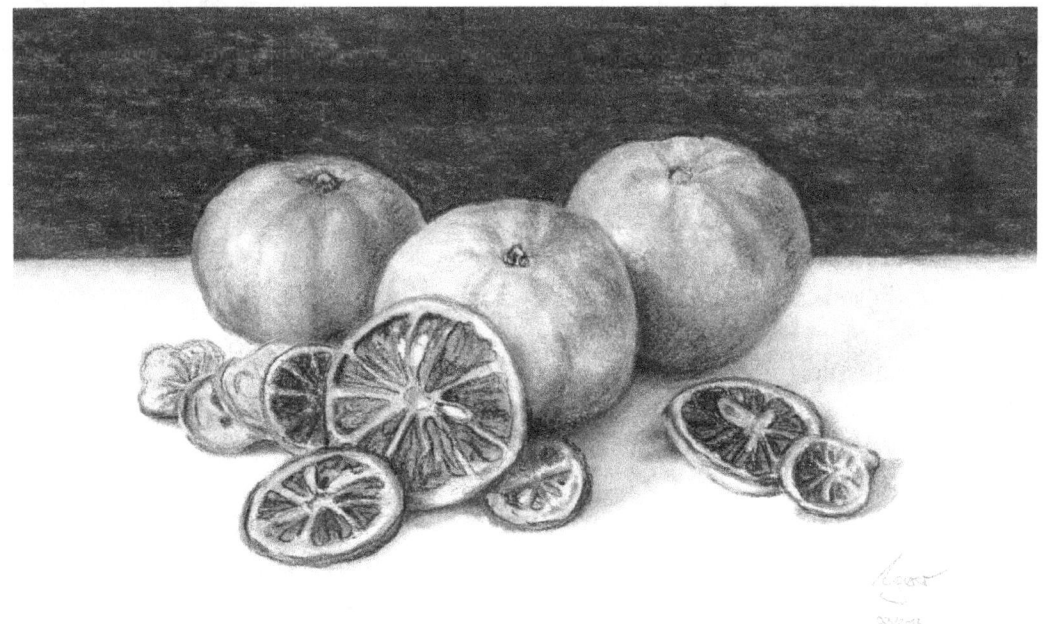

Beispiel für eine Kohle-Zeichnung (Stillleben mit Mandarinen)

3.4 Tusche & Tinte

Bei Tusche und Tinte handelt es sich um flüssige Zeichenmedien. Man zeichnet hier entweder klassisch mit Feder und Tusche- bzw. Tintenglas oder man greift auf Tuschestifte zurück, wobei es sich hier zumeist um Stifte für das technische Zeichnen handelt. Diese Tuschestifte eignen sich jedoch nicht sonderlich gut für künstlerisches Zeichnen. Die Feder hat hingegen den Nachteil, dass man immer wieder ins Glas eintauchen muss und dadurch auch leicht mal kleckst.

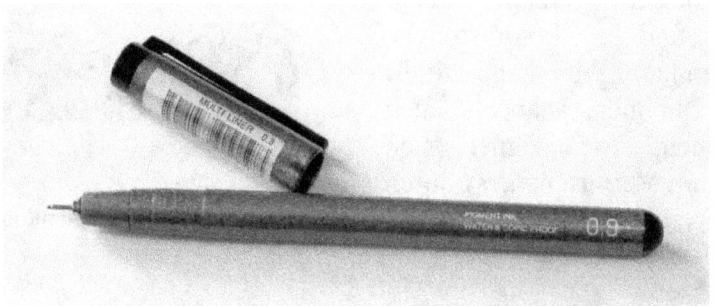

Fasermaler / Multi Liner mit 0,3mm Stärke

Eine Alternative sind Fasermaler, die mit Tusche malen, sowie Kugelschreiber und Tuscheroller. Diese Stifte haben den Vorteil, dass man nicht ständig Tusche oder Tinte händisch nachfüllen muss, da das Zeichenmedium in einer Mine enthalten ist. Ist dieser Vorratsspeicher leer, kann er in der Regel einfach ausgewechselt werden oder man verwendet einen neuen Stift.

Nachteil dieser Alternative ist, dass die Tinte bzw. Tusche in diesen Stiften häufig nicht lichtecht ist, was soviel bedeutet, dass die Farbe mit der Zeit ausbleicht. Wenn man also diese Art des Tuschestifts verwendet, sollte man auf jeden Fall auf Qualität Wert legen.

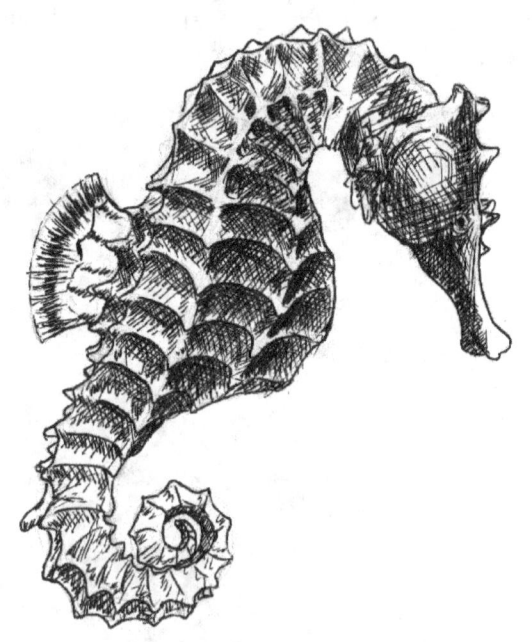

Tusche-Zeichnung - Seepferdchen

Anwendung von Tusche & Tinte

Mit Tusche und Tinte kann man sehr dünne, gleichmäßige, dunkle Linien ziehen. Sie eignen sich für Zeichnungen und Skizzen aller Art. Wie bereits beschrieben, hat Tusche den Nachteil, dass sie kaum noch entfernt werden kann und grundsätzlich keine unterschiedlichen Grautöne mit einem Stift gezeichnet werden können (dies ist jedoch möglich, indem man die Tusche mit Wasser verdünnt). Außerdem kann man Tusche und Tinte auch mit einem Pinsel vermalen – man spricht hier vom Lavieren. Dabei durchbricht man jedoch bereits die Grenze zwischen Zeichnung und Malerei. Es können dabei allerdings sehr schöne Effekte erzielt werden.

3.5 Marker

Mit einem Marker ist im Bereich von Kunst und Grafik kein einfacher Markierstift gemeint, wie man ihn aus dem täglichen Gebrauch kennt. Es ist also kein Textmarker. Hier handelt es sich vielmehr um qualitativ hochwertige Künstler-Stifte. Die Stifte beinhalten Farbpigmente auf Alkohol- oder Tuschebasis. Marker sind Filzstiften ähnlich, jedoch deutlich hochwertiger und daher auch spürbar teurer. Markerstifte werden auch oft als Fasermaler bezeichnet.

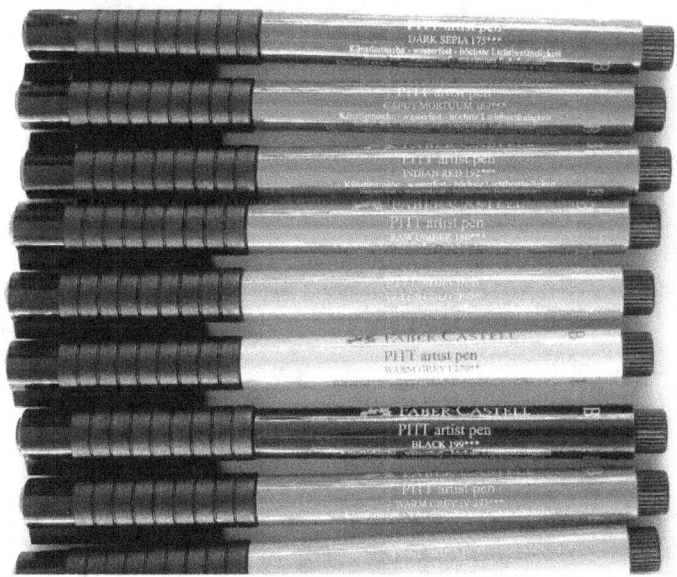

Markerstifte / Fasermaler

Anwendung von Markerstiften

Marker sind in der Anwendung relativ gewöhnungsbedürftig. Es gibt bei dieser Zeichen- und Maltechnik quasi keine Möglichkeit Fehler zu korrigieren. Stifte gibt es mit unterschiedlichen Spitzen, wie zum Beispiel spitz und hart, flach und hart oder pinselartig weich. Besonders mit pinselartigen Markerstiften kann man sehr gut und flexibel malen. Man kann sehr dünne feine

Linien, aber auch breite Striche zeichnen.

Auch die Marker verwischen die Grenze zwischen Malerei und Zeichnung, da man hier auch mit Farbe arbeitet und Striche aufgelöst werden können. Eingesetzt werden Marker häufig im Bereich Grafik, Design oder zur Kolorierung von Comics, im speziellen auch Mangacomics.

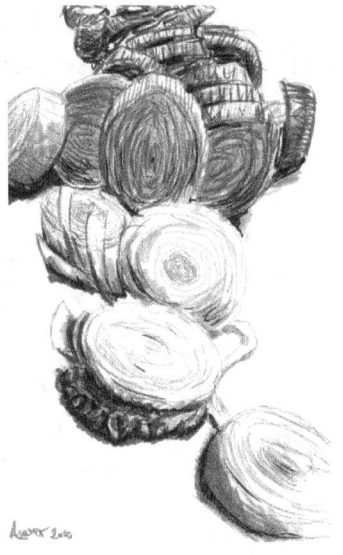
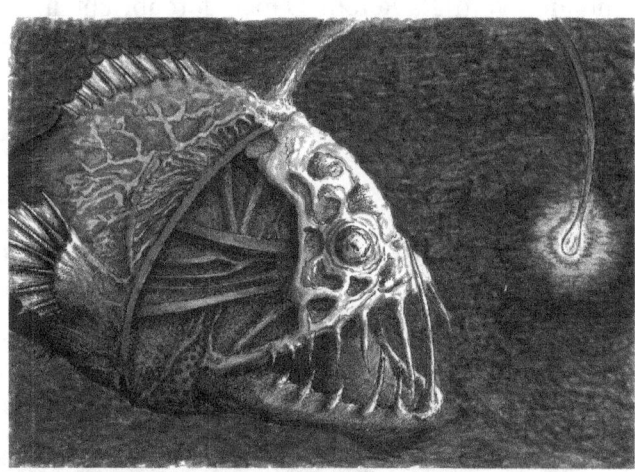

Zwei Beispiele für Fasermaler-Zeichnungen (Frühlingszwiebeln & Anglerfisch)

3.6 Kreide / Pastellkreide

Pastellkreide eignet sich vor allem für farbige Zeichnungen bzw. Gemälde mit großen Farbflächen und weichen Farbverläufen. Der Farbauftrag kann dabei sehr zart oder auch kräftig sein. Typisch für Pastellgemälde sind jedoch die zarten Farbaufträge. Die Farbe lässt sich leicht mit dem Finger oder einem Wischwerkzeug verwischen.

Die Kreiden sind trocken und eher staubig. Sie haben den Nachteil, dass sich die Farbe leicht vom Malgrund löst. Bilder, die mit Pastellkreide gemalt wurden, sollten daher unbedingt mit Fixierspray übersprüht werden. Ein weiterer Nachteil im Vergleich zu Farbstiften ist, dass man schlechter Details zeichnen kann.

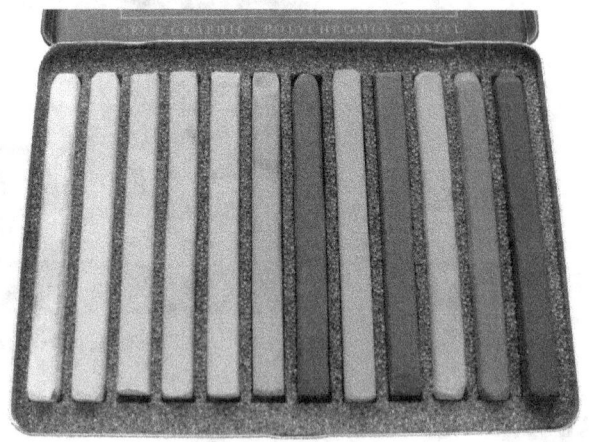

Pastellkreiden

3.7 Ölpastelle

Ölpastelle bestehen aus Farbpigmenten, die mit Mineralwachsen, Bienenwachs, Mohnöl und anderen Bindemitteln gemischt werden. Die Farbe ist im Gegensatz zu den Pastellkreiden nicht staubig, sondern besitzt eine feste, cremige Konsistenz und haftet dadurch sehr gut auf dem Papier. Die Farben sind zudem nicht wasserlöslich und beim Malen schlecht mischbar.
Ölpastelle werden oft beim Malen von Tierportraits verwendet. Mit ihnen lässt sich die Darstellung von Fell relativ gut umsetzen.

3.8 Weiteres Equipment zum Zeichnen

Papier

Nach dem Stift ist das Zweitwichtigste beim Zeichnen der Zeichengrund – also das Papier bzw. der Zeichenkarton. Der Zeichengrund ist maßgeblich für die Erstellung einer Zeichnung und das dabei erzielbare Ergebnis.
Wichtige Eigenschaften eines Zeichenkartons sind, neben dem Blattformat, die Rauheit und das qm-Gewicht (Gramm pro Quadratmeter). Beim Gewicht kann man sagen: Je höher, desto besser, da das Papier damit dicker und stabiler wird. Bei der Rauheit kommt es auf die persönlichen Bedürfnisse an.

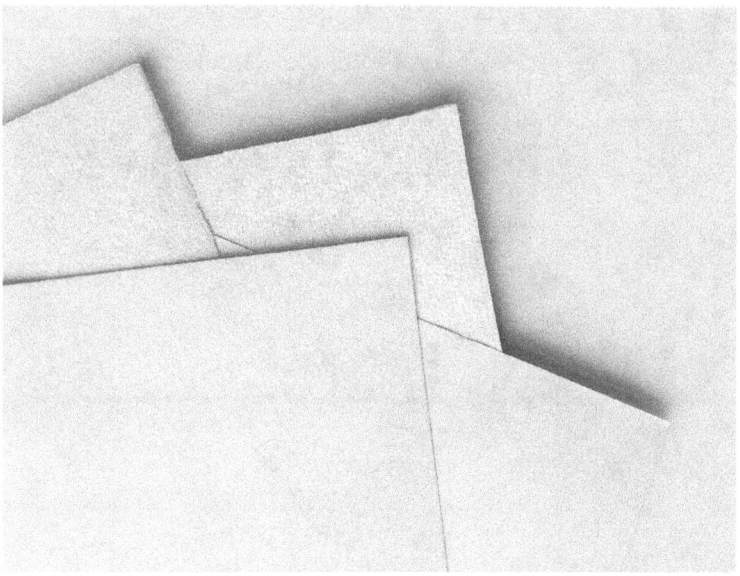

Unterschiedliche Zeichenpapiere

Raues Papier lässt in der Regel einen höheren Farbauftrag zu. Die Zeichnung wird eher gröber, da man nicht so leicht feine, gerade Linien ziehen kann. Somit eignet sich ein rauer Zeichenkarton eher für schnelle Skizzen, Zeichnungen mit weichen Bleistiften, die eine dynamische Linienführung haben und/oder Zeichnungen mit einer gröberen Schraffur. Die raue Blattstruktur ist in der Zeichnung oft noch zu sehen, was jedoch häufig ein erwünschter Effekt ist. Sehr glattes Papier eignet sich vor allem für sehr feine Zeichnungen und fotorealistische Zeichnungen, mit feinen Schraffuren.

Man sollte auch darauf achten, für welche Techniken das Papier geeignet ist. Bei fast allen Zeichenblöcken findet man Hinweise hierzu auf dem Deckblatt.
Manche Papiere eigenen sich nur für trockene Zeichentechniken – also keine Tusche oder Tinte. Für die meisten Techniken findet man speziell angepasstes Papier, wie zum Beispiel Pastellpapier, Marker-Papier, Kalligrafie-Papier etc.

Anspitzer

Mit dem Anspitzer (auch Spitzer) hält man Bleistifte und Farbstifte spitz und kann somit dünne, feine Linien zeichnen. Es gibt ihn in unterschiedlichen Varianten und Größen.

Für das Zeichnen ist eine handbetriebene Spitzmaschine empfehlenswert. Das Arbeiten damit ist angenehmer als mit einem normalen Spitzer. Außerdem passiert es hier deutlich seltener, dass beim Spitzen die Bleistiftspitze abbricht.
Manche Künstler benutzen alternativ auch ein scharfes Messer, um ihre Stifte zu spitzen.

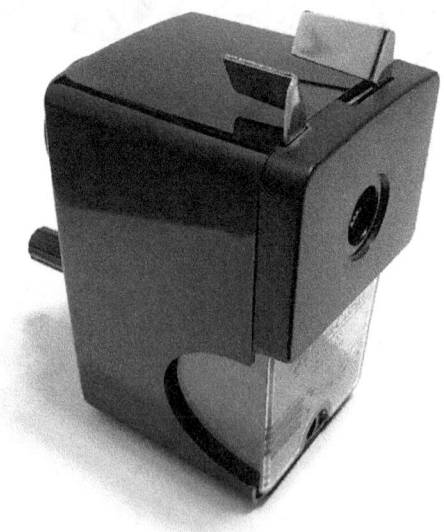

Spitzmaschine

Radiergummi

Der Radiergummi (umgangssprachlich auch Radierer) ist nicht so banal, wie man im ersten Gedankengang meinen könnte. Die Aufgabe eines Radiergummis ist natürlich das Entfernen von Strichen, die mit Grafitstift, Farbstift, Kreide etc. gezeichnet wurden.
Beim Zeichnen wird der Radierer aber auch häufig gezielt eingesetzt, um damit kleine Details herauszuarbeiten – zum Beispiel kleine Lichtpunkte oder Lichtkanten. Eine andere Aufgabe beim Zeichnen kann jedoch auch das Verwischen sein.

Die verschiedenen Arten von Radiergummis sind: harter Radiergummi, weicher Radiergummi, Radierstift und Knetradiergummi.

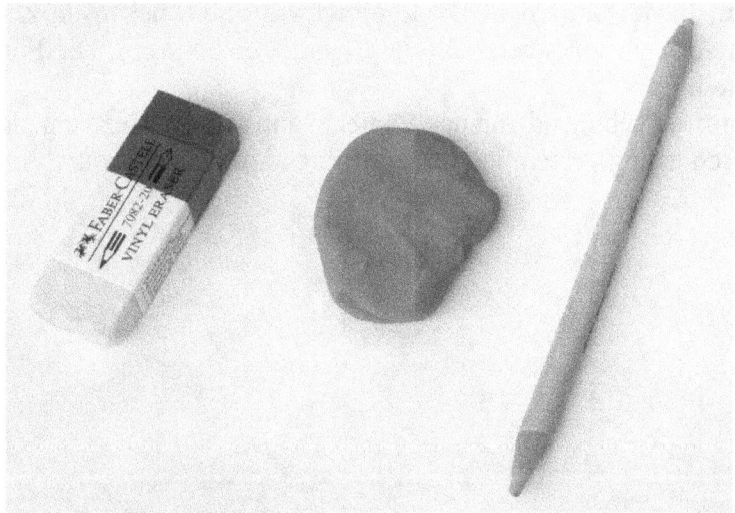

**Verschiedene Radiergummis; von links nach rechts:
Radiergummi mit harter und weicher Seite, Knetradiergummi, Radierstift**

Harter Radiergummi

Mit einem harten Radiergummi kann man auch starke Zeichenstriche und teilweise auch Tusche entfernen. Er bildet eine relativ scharfe Kante, mit der man auch Details radieren kann.
Problem bei einem harten Radierer ist, dass er die Blattstruktur verletzen kann. Auf so aufgerautem Papier fällt das Zeichnen schwerer.

Weicher Radiergummi

Ein weicher Radierer ist sehr viel schonender zum Papier. Der Farbabtrag, den man mit dem weichen Radierer erzielen kann, ist jedoch auch geringer. Er eignet sich auch kaum zum

Herausarbeiten von Details, da er eine stark verrundete Kante bildet. Der weiche Radiergummi verschmiert schnell und sollte immer wieder auf einem separaten Papier sauber gerieben werden.

Radierstift

Mit dem Radierstift kann man vor allem feine Details in Zeichnungen herausarbeiten. Der Radierstift lässt sich dazu anspitzen. Es gibt Stifte mit einer harten und einer weichen Seite. Die weiche Seite eignet sich zusätzlich gut, um damit die Wischtechnik einzusetzen.

Knetradiergummi

Die Besonderheit des Knetradiergummis ist seine Modellierbarkeit. Das heißt, dass man ihn ganz einfach in eine beliebige Form kneten kann. Er kann Teile der Zeichnung nur durch das Aufdrücken auf dem Papier entfernen. Dies gelingt vor allem bei losen Zeichentechniken wie Kohle und Pastellkreide sehr gut, aber auch bei Bleistiftzeichnungen. Die Formbarkeit ist gerade hier ein großer Vorteil.

Der Knetradiergummi ist schonend für das Papier, kann jedoch Gezeichnetes nicht vollständig entfernen. Mit der Benutzung verschmutzt er zunehmend und wird dadurch immer schwächer.

Bildnerische & Gestalterische Mittel

» Zeichnen ist die Kunst, Striche spazieren zuführen «

- Paul Klee -

4 Bildnerische & Gestalterische Mittel

Wie schon auf den ersten Seiten dieses Buchs beschrieben wurde, existieren beim Zeichnen die bildnerischen und materiellen Mittel. Die materiellen Mittel (Grafitstift, Kohle, Tusche usw.) wurden bereits beschrieben. Auch auf die damit in enger Verbindung stehenden Zeichentechniken wurden bereits kurz eingegangen. Nun kommen wir zu den bildnerischen Mitteln.

Bei den bildnerischen Mitteln stehen uns die Linie, der Punkt, die Fläche und das Hell-Dunkel zur Verfügung. Diese Mittel der Bildgestaltung werden auf den folgenden Seiten ausführlicher beschrieben.

4.1 Die Linie

Die Linie ist das wichtigste Gestaltungselement in einer Zeichnung. Mit der Linie zeichnet man Strukturen, Konturen, Muster, Umrisse und konstruiert ganze Zeichnungen.

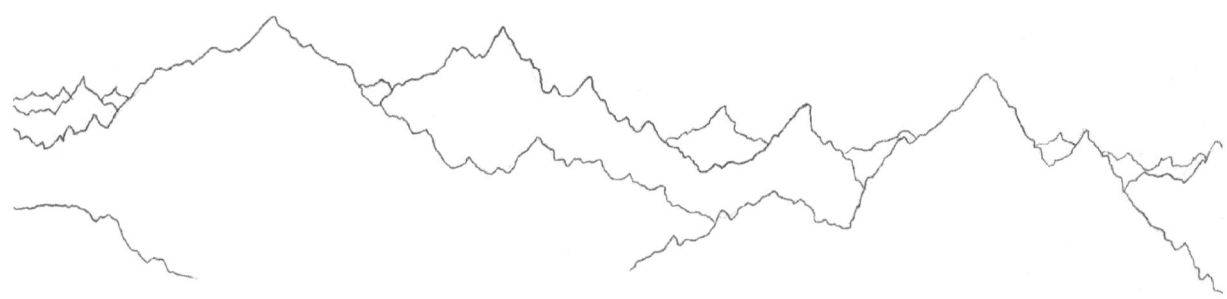

Darstellung einer Berglandschaft durch das Zeichnen der Konturen mit einfachen Linien

Mit der Linie kann man aber auch bestimmte Gefühle und Eindrücke erwecken. Der Linienverlauf kann rund und weich sein und dadurch harmonisch und elegant wirken. Die Linie kann aber auch starke Knicke haben, einen dynamischen Verlauf haben und dadurch eine spannungsvolle Wirkung erzeugen. Auch die Kombination von weichen und harten Linien erzeugt interessante Kontraste in einer Zeichnung.

Bildnerische & Gestalterische Mittel

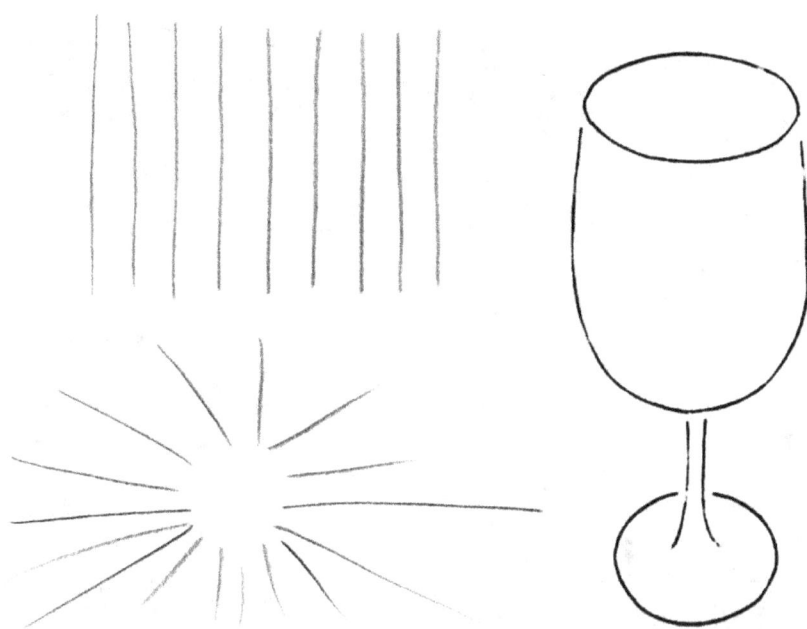

Die Linie - Grundlegendes bildnerisches Mittel

Strukturen

Auch Strukturen lassen sich mit Linien darstellen. Strukturen sind von Schraffuren zu differenzieren, da Strukturen in der Regel nicht gleichmäßig sind.
Jede Linie einer Struktur kann sich in Form, Richtung, Strichstärke und Länge unterscheiden. Selbst innerhalb der einzelnen Linie können sich diese Eigenschaften verändern. Die Linien müssen hier auch nicht den gleichen Abstand zueinander haben. Strukturen sind also ein gestalterisches Mittel, mit dem man auch einen gewissen Rhythmus darstellen kann. Hierdurch kann man Spannung in einem Bild erzeugen und Effekte einbringen, die besonders interessant wirken.
Man muss bereits zu Beginn einer Zeichnung entscheiden, ob man lieber mit Schraffur oder Struktur arbeiten möchte, wobei nicht ausgeschlossen ist beide Techniken zu kombinieren.

Der Vorteil einer Struktur ist, dass man mir ihr auch den stofflichen Charakter eines Objektes vermitteln kann. Es ist somit möglich zum Ausdruck zu bringen, ob eine Oberfläche beispielsweise glatt, porös, weich, pelzig oder hart ist. Diese Informationen kann man mit einer Schraffur alleine nicht vermitteln.

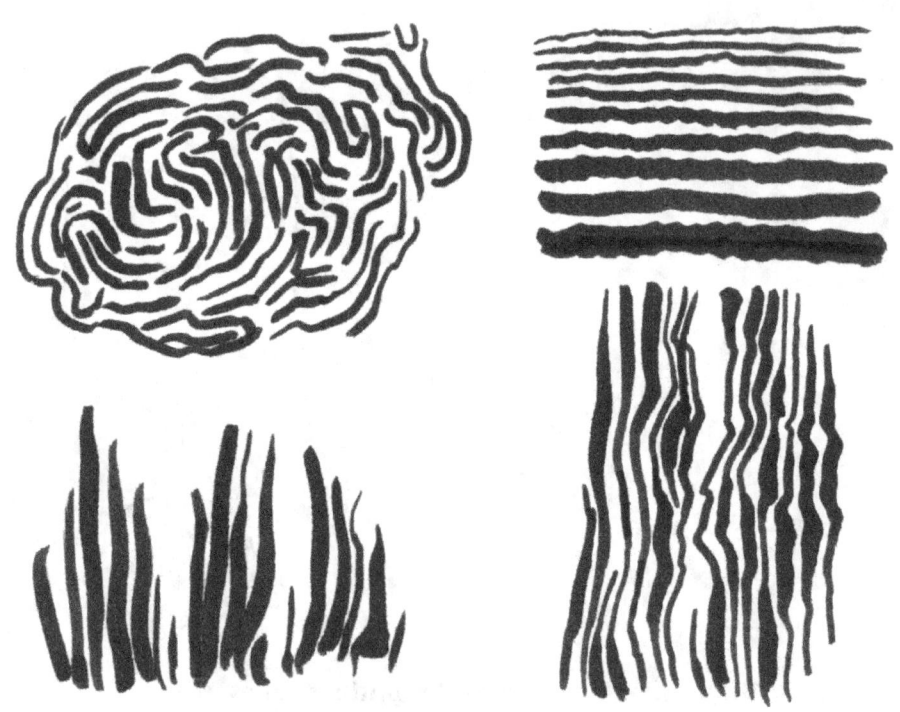

Beispiel für verschiedene Strukturen

4.2 Der Punkt

Der Punkt ist das einfachste Gestaltungselement in einer Zeichnung. Er taucht nur sehr selten als alleiniges zeichnerisches Mittel auf. Ein Beispiel hierfür wäre im Prinzip der Pointillismus, der jedoch im Bereich der Malerei angesiedelt ist. In der Regel taucht der Punkt in einer Zeichnung nur in Verbindung mit Linie und Fläche auf.

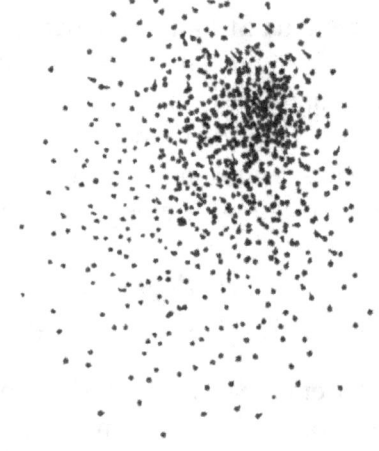

4.3 Die Fläche

Die Fläche ist ein bildnerisches Mittel, bei dem zwangsläufig eine bestimmte Zeichentechnik ausgewählt werden muss. Zeichentechniken für flächiges arbeiten sind die Schraffur, Schummern, Verwischen und Lavieren. Beim Schraffieren wird die Fläche bereits mit einer

Struktur gestaltet. Nebenbei folgt durch die Darstellung einer Fläche automatisch der Einsatz des bildnerischen Mittels „Hell-Dunkel", da mehrere Flächen durch unterschiedliche Tonwerte gebildet werden.

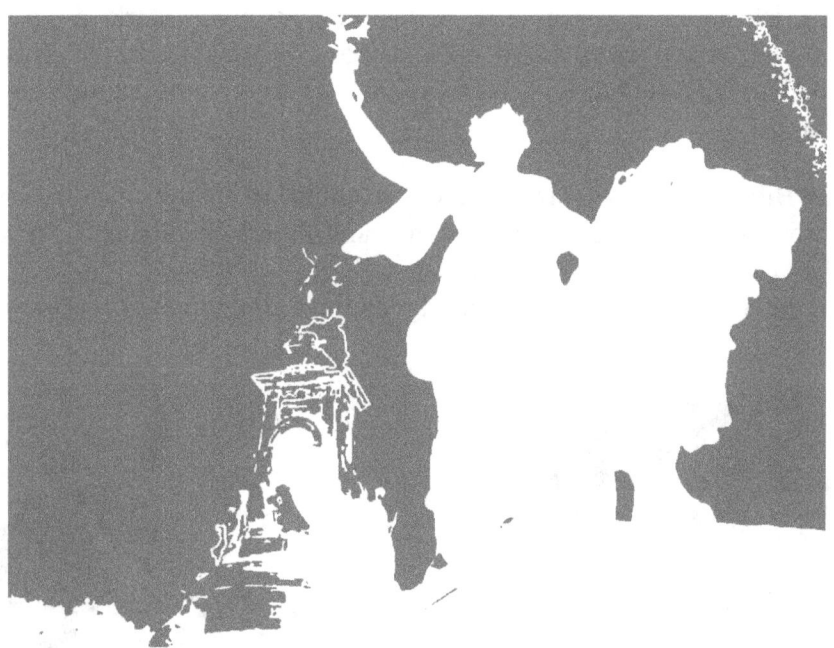

Darstellung mit Betonung auf die Fläche

Ein interessanter Anwendungsfalls für die Fläche als Mittel des künstlerischen Ausdrucks ist die sogenannte Stencil Art. Es handelt sich dabei um eine Art von Graffiti, bei der Schablonen und Sprühdosen verwendet werden, um sehr schnell Bilder auf eine Wand zu bringen. Die Abbildungen sind häufig einfarbig (meist schwarz-weiß) oder zeigen eine sehr begrenzte Anzahl an Farben und/oder Tonwerten. Einer der bekanntesten Künstler im Gebiet der Stencil Art ist der Brite Banksy.

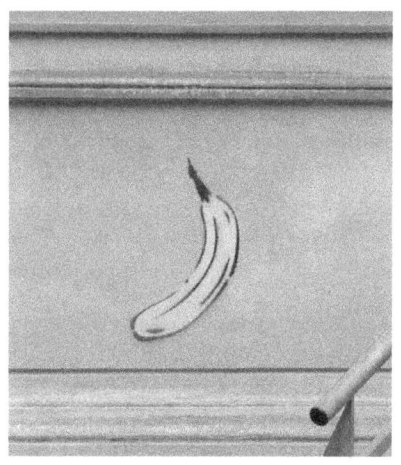

Banane als Stencil Art an einer Wand

4.4 Das Hell-Dunkel

Der Einsatz des bildnerischen Mittels Hell-Dunkel erzeugt einen Kontrast, da Flächen mit unterschiedlichen Tonwerten gezeichnet werden. Je nachdem, wie weit gespreizt das Tonwertspektrum ist, kann der Kontrast mehr oder weniger stark ausgeprägt sein. Für spannungsvolle Zeichnungen ist das Zeichnen starker Kontraste empfehlenswert. Durch das Zeichnen von hellen und dunklen Flächen, kann man auch eine räumliche und plastische Wirkung erzeugen.

In den folgenden Bildern sind Beispiel für die Gestaltung mit unterschiedlichen Tonwerten zu sehen. Hier wurde mit einer sehr begrenzten Zahl unterschiedlicher Tonwerte gearbeitet, wodurch sich klar definierte Flächen ergeben.
Dieser gestalterische Stil wird oft in der Werbung und im Kommunikations-Design eingesetzt.

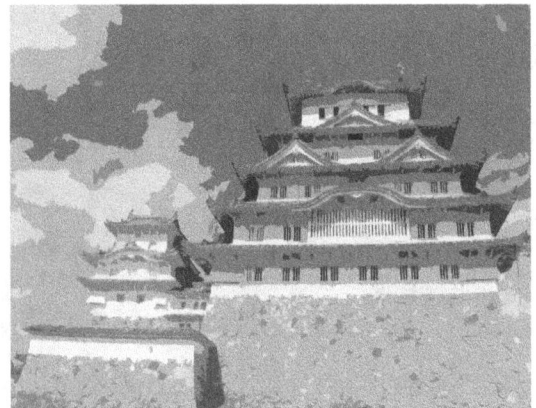 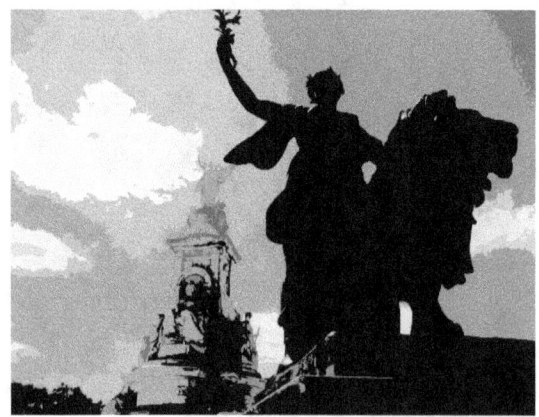

Bilder mit Flächen in unterschiedlichen Tonwerten

Bildnerische & Gestalterische Mittel

4.5 Übungen Bildnerische Mittel

Lernziele:

- Ein Verständnis für die bildnerischen Mittel entwickeln
- Spielen mit Strichführung und Form
- Kreative Geister Wecken

Erforderliches Material:

- Ein Blatt Zeichenpapier
- Ein Stift (Bleistift, Tuschestift, Fasermaler, etc.)
- Anspitzer
- Radierer

Die Grundtechniken, die wir im vorhergehenden Kapitel kennengelernt haben, stellen Grundlagen dar, denen wir immer wieder begegnen werden. Ein paar einfache Übungen hierzu können nicht schaden und regen außerdem die Kreativität an.

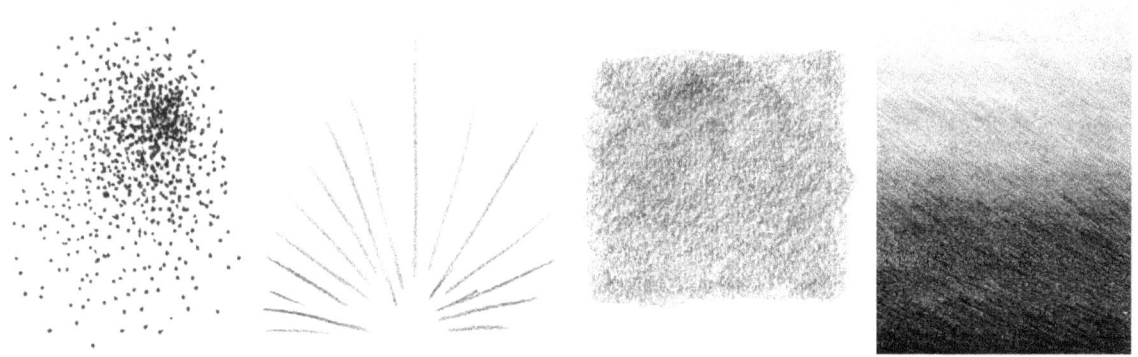

Überblick über die bildnerischen Mittel: Punkt, Linie, Fläche und Hell-Dunkel

Linie

Versuche in dieser Übung ein paar Zeichnungen zu erschaffen, bei denen Du ausschließlich mit Linien arbeitest. Dabei kannst Du Landschaften zeichnen, abstrakte Bilder, Tiere oder alles andere, was Dir gerade einfällt.

Oft lassen sich Dinge ganz simpel mit Linien darstellen, von denen man es zunächst nie gedacht hätte. Dabei sehen Linienzeichnungen häufig sehr schön und anregend aus. Berühmte Beispiele hierfür sind die Zeichnungen eines Baums (Der schlichte Baum) von Henri Matisse oder auch die Friedenstaube von Pablo Picasso.

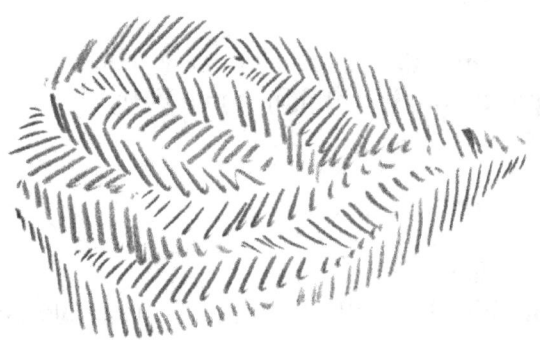

Abstraktes Muster mit Linien in verschiedenen Ausrichtungen

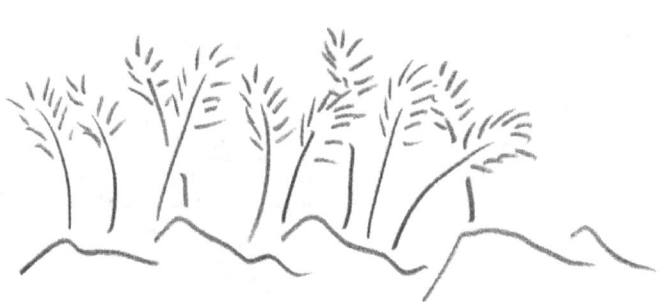

Landschaft mit Getreidefeld

Eine weitere schöne Übung ist das Zeichnen von Möbeln, wie einem Stuhl. Auch Tiere ergeben tolle Bilder, sind jedoch ein wenig anspruchsvoller darzustellen.

Bildnerische & Gestalterische Mittel

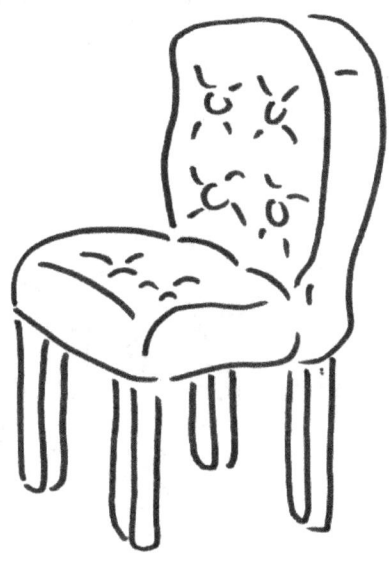

Linienzeichnung eines Stuhls

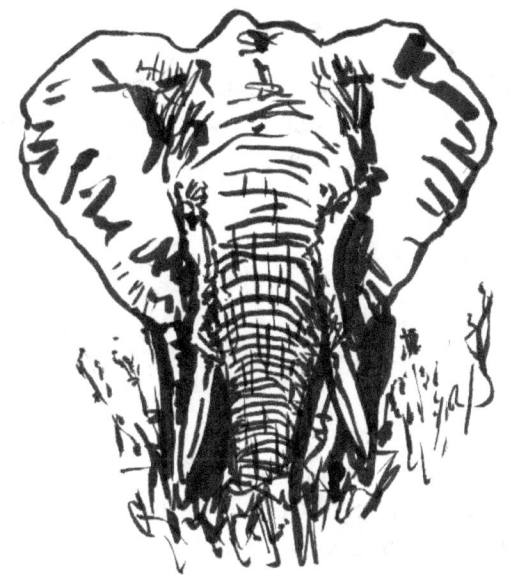

Elefant in einer Mischung aus Linien, Flächen und Struktur

Struktur

Strukturen sind ein Element, dem wir beim Zeichnen sehr häufig begegnen. Strukturen findet man zum Beispiel bei Baumrinde, Felsen, Holz, Haut und unendlich vielen anderen Objekten. Die gekonnte Abbildung einer bestimmten Struktur ist oft der Schlüssel zu einer gelungenen Zeichnung. Strukturen können aber auch reine Gebilde aus der Fantasie sein und dabei das Interesse des Betrachters wecken.

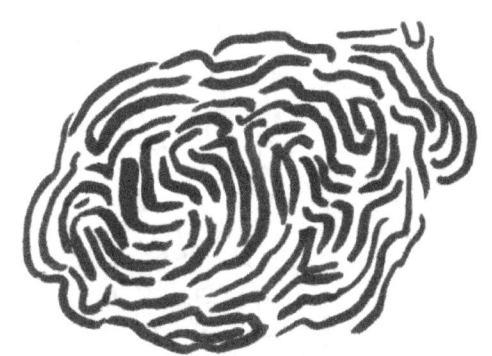

Abstrakte Strukturen

Besonders interessant und immer wieder in Zeichnungen anzutreffen ist die Baumrinde. Ihre Struktur lässt sich sehr schön in einer Linienzeichnung darstellen. Ein Beispiel siehst Du im Bild rechts.

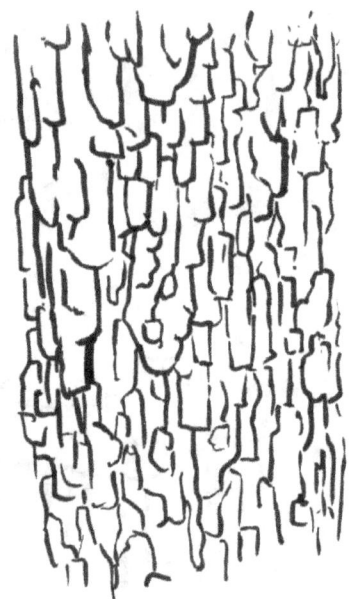

Im Folgenden noch ein Beispiel für eine Felslandschaft, die vor allem durch die Struktur der Felsen lebt. Die Vorlage für das Bild stammt von Leonardo da Vinci.

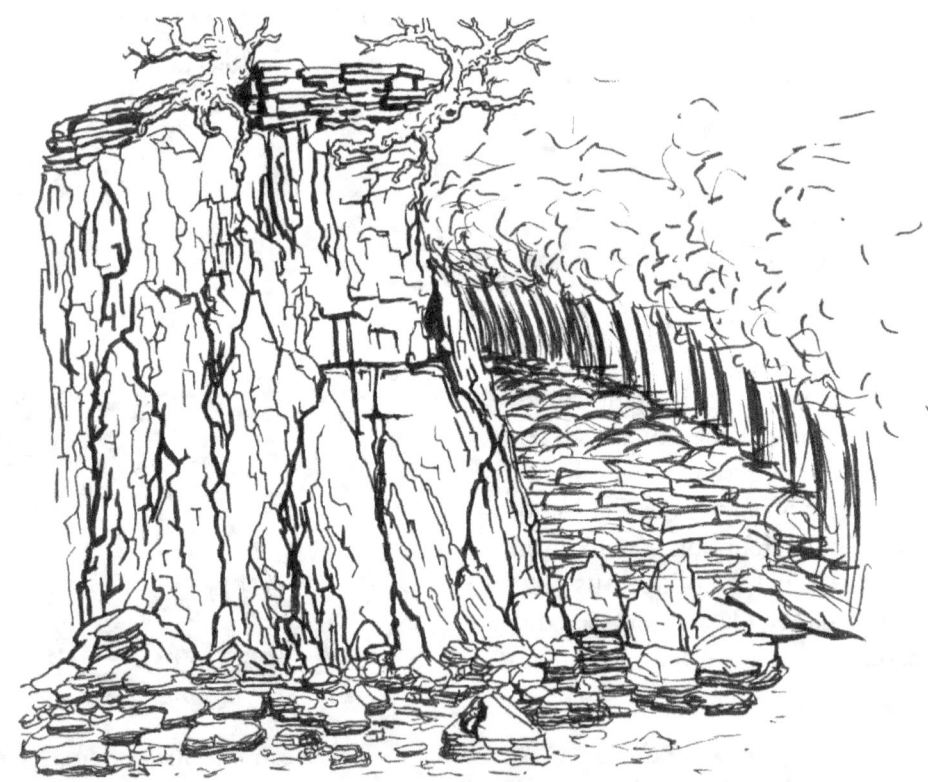

Linien-Zeichnung von Felsen; nach dem Vorbild „Studie von Felsklippen" von Leonardo da Vinci

Punkt

Der Punkt stellt die kleinste mögliche Einheit dar, die man mit einem Stift zu Papier bringen kann. Unterschiedliche Tonwerte können dadurch erzeugt werden, dass man die Punkte dichter aufträgt oder größer macht.
Wer viel Geduld mitbringt, kann die folgenden Beispiele nachvollziehen oder auch eigene Motive mit Punkten zeichnen.

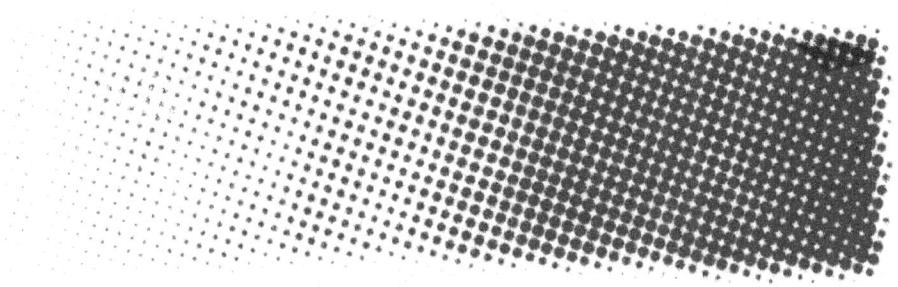

Hell-Dunkel-Verlauf mit Punkten umgesetzt

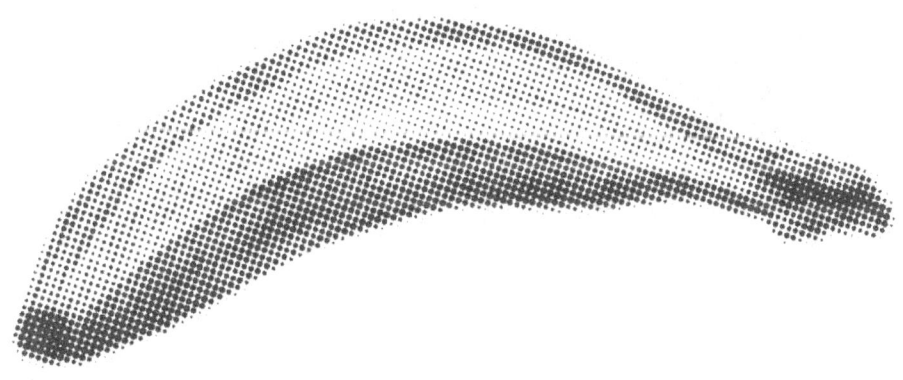

Eine Banane, die mit Punkten dargestellt wurde

Fläche

Eine schöne Übung zum Thema „Fläche" ist das Zeichnen von Körpern und Figuren, die als Fläche in einem einzigen Tonwert dargestellt werden. Im Folgenden sind zwei Beispiele zu finden.

Das erste Beispiel zeigt einen Klassiker: Die Evolution des Menschen. Die Figuren sind dabei als schwarze Flächen dargestellt, was die Zeichnung einfach in der Darstellung und stark im Ausdruck macht.

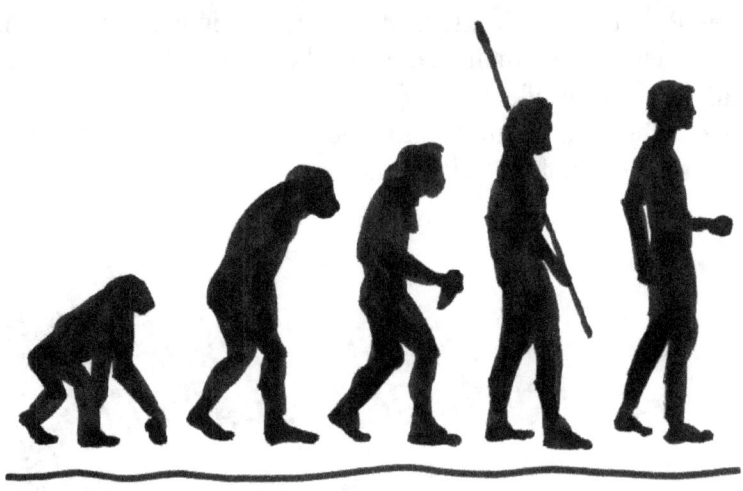

Das nächste Beispiel zeigt einen kahlen Baum, der rein in schwarz gezeichnet wurde.

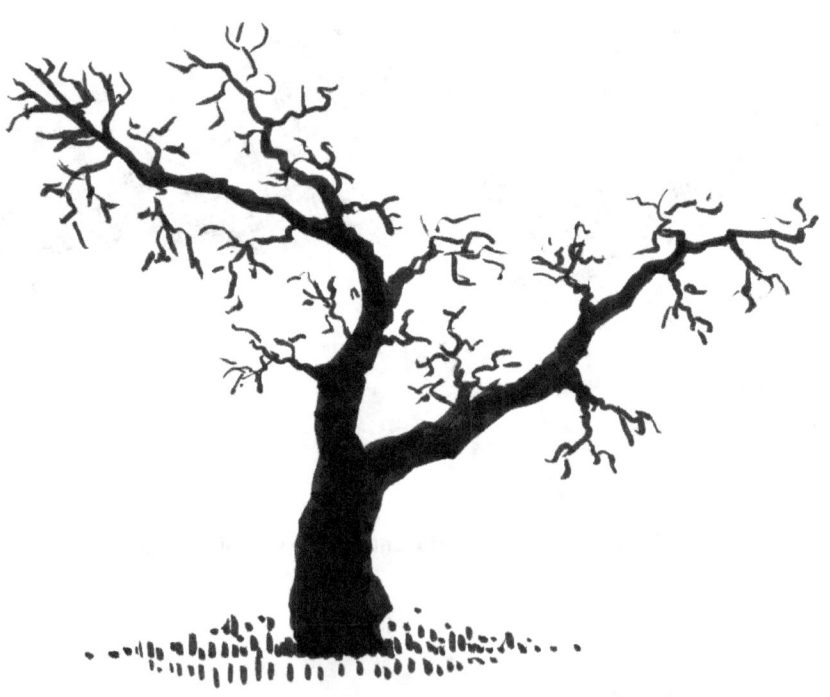

Ein kahler Baum in einer Flächen- und Linienzeichnung

Hell-Dunkel

Zeichne das eine oder andere Bild, das maßgeblich mit unterschiedlichen Tonwerten arbeitet.

Bei den folgenden beiden Bilder handelt es sich um Fotografien, die per Bildbearbeitung auf fünf unterschiedliche Tonwerte reduziert wurden. Dabei ergeben sich hellere und dunklere Flächen, die eine interessante Wirkung erzeugen.

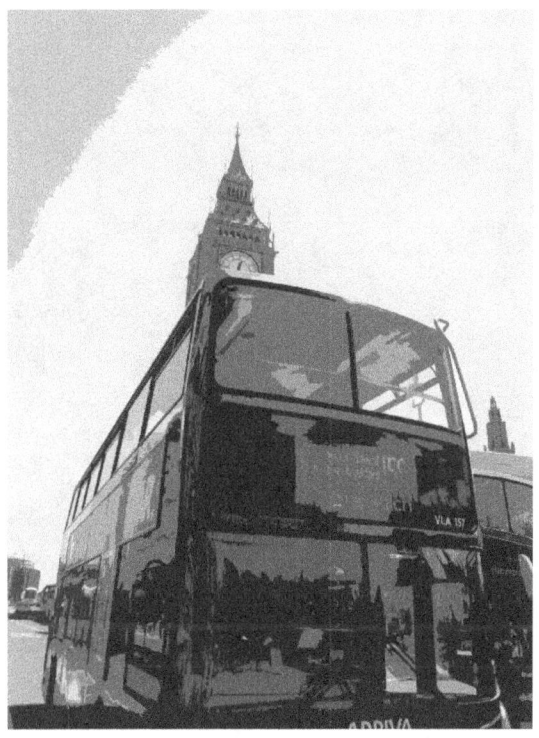 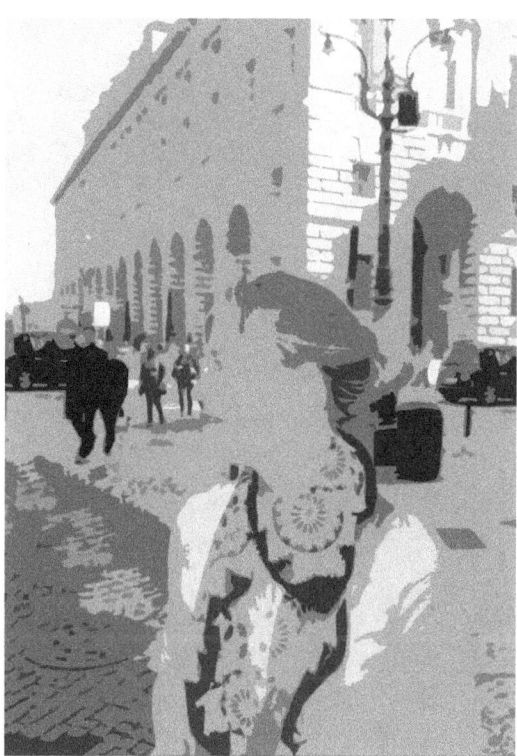

Bilder mit Flächen in unterschiedlichen Tonwerten

Zeichentechniken

*» Im Entwurf, da zeigt sich das Talent, in der Ausführung
die Kunst. «*

- Marie Freifrau von Ebner-Eschenbach -

5 Zeichentechniken

Die unterschiedlichen Zeichentechniken sind teils eng mit den bildnerischen Mitteln (Punkt, Linie, Fläche, Hell-Dunkel) verbunden. Beim Einsatz von Linien kann es sich zum Beispiel bereits um eine Schraffur handeln. Beim Zeichnen von Flächen oder hellen und dunklen Bereichen muss man sich für eine der Zeichentechniken entscheiden.

In der folgenden Darstellung findest Du unterschiedliche Arten der Schraffur und andere Zeichentechniken, die auf Kugeln angewendet wurden.

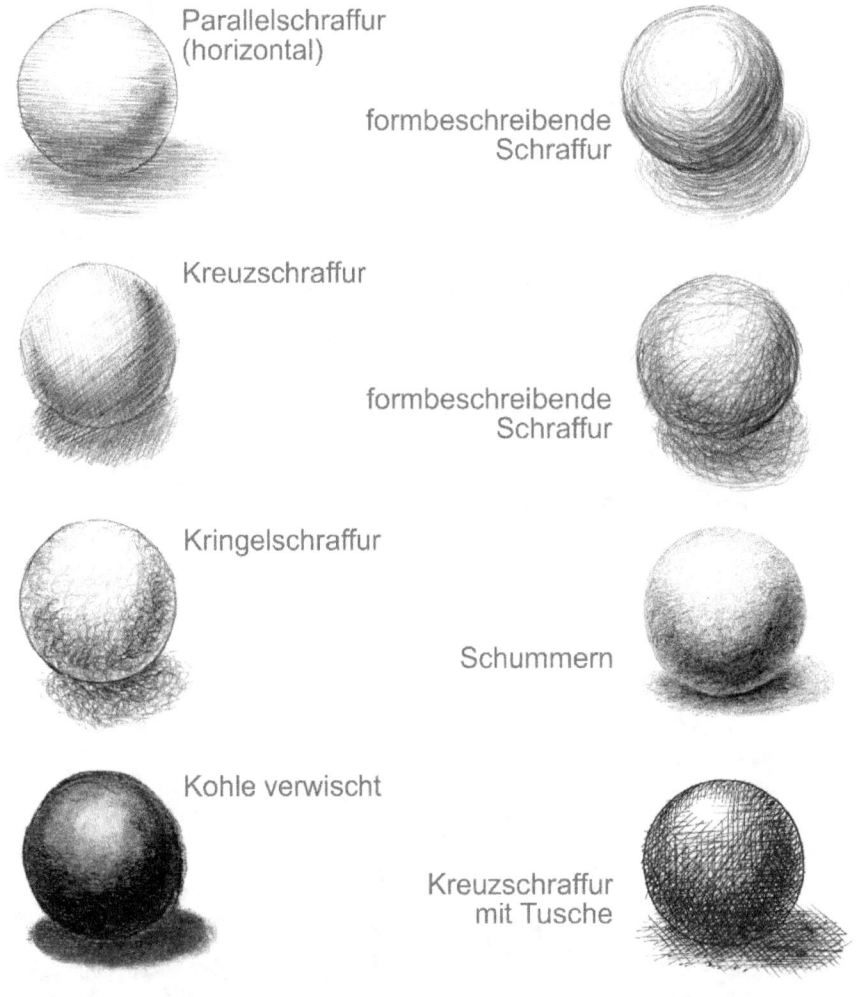

Darstellung einer Kugel mit verschiedenen Zeichentechniken

5.1 Ziel beim Einsatz von Zeichentechniken

Die beschriebenen Zeichentechniken werden verwendet, um Flächen mit einem bestimmten Grauton zu füllen – man spricht hier auch von einem Tonwert. Es kann dabei ein einheitlicher Grauton gezeichnet werden oder auch ein Verlauf zwischen zwei unterschiedlich hellen Tönen.

Durch Grautöne stellt man in einer Zeichnung Schatten dar und teilweise Farben, die sich in einem Schwarz-Weiß-Bild zu einem bestimmten Grauton umwandeln. Erst durch die Darstellung der Schatten bringt man die dreidimensionale Form eines Körpers zur Geltung. Alleine durch das Zeichnen der Kontur ist dies nicht möglich, da die Umrisse im Prinzip nur eine zweidimensionale Form beschreiben.
Der folgende Vergleich zwischen zwei Darstellungen von Bergen verdeutlicht diese Erkenntnis.

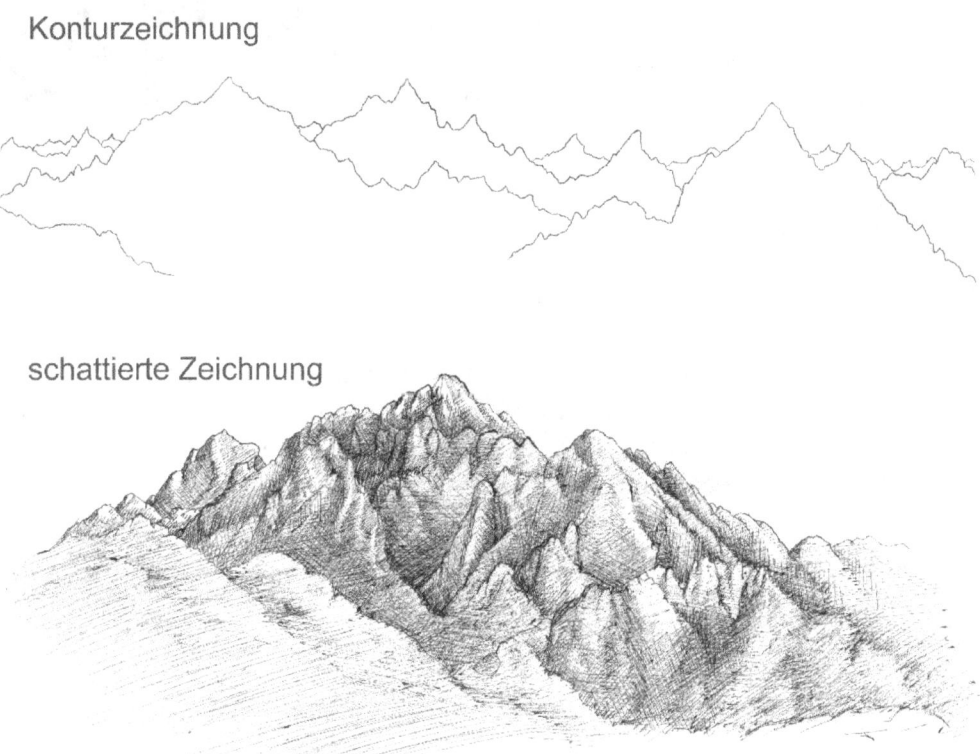

Vergleich zwischen einer reinen Konturzeichnung und einer schattierten Zeichnung

Tonwert

Tonwerte sind Helligkeitsabstufungen, die von Weiß bis Schwarz reichen können. Ein bestimmter Tonwert bezeichnet also einen bestimmten Grauton bzw. im Extrem Weiß oder Schwarz.

Auch in farbigen Bildern existieren Tonwerte. Sie sind dabei sozusagen von der Farbe überdeckt und werden sichtbar, wenn man ein Farbfoto in ein Schwarz-Weiß-Bild umwandelt.

Verschiedene Tonwerte

5.2 Die wichtigsten Zeichentechniken

Die wichtigste und wahrscheinlich am häufigsten verwendete Zeichentechnik ist - neben der Linie als solches - die Schraffur. In diesem Buch werden wir uns daher hauptsächlich mit der Zeichentechnik des Schraffierens beschäftigen. Die anderen wichtigen Zeichentechniken werden in diesem Kapitel jedoch auch behandelt.

Dies sind die wichtigsten Techniken:

- Schraffur
- Schummern
- Verwischen
- Lavieren

Zeichentechnik 1 – Die Schraffur

Bei einer Schraffur wird eine Reihe von Linien parallel zueinander in gleichem Abstand gezeichnet. Dabei können auch mehrere Schraffuren in unterschiedlichem Winkel übereinander gezeichnet werden.
Ziel beim Schraffieren ist die Erzeugung eines bestimmten Tonwerts. Der Tonwert ergibt sich aus der Vermischung der Schraffurlinien mit dem hellen Papier, das zwischen den Linien zu

sehen ist. Für den Betrachter vermischen sich Linien und Untergrund zu einem einheitlichen Grauton.

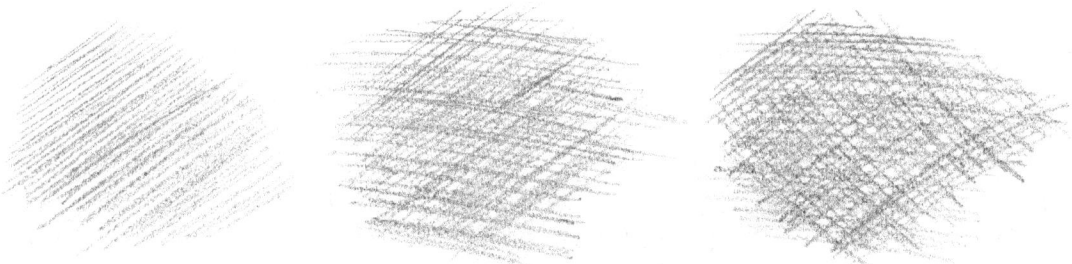

Verschiedene Schraffurtechniken - von links nach rechts:
Parallelschraffur, Kreuzschraffur mit zwei Richtungen, Kreuzschraffur mit drei Richtungen

Es gibt unterschiedliche Möglichkeiten, Schraffuren auszuführen und zu variieren, diese Techniken werden unter den folgenden Punkten beschrieben.

Schraffurrichtung

Mit der Schraffurrichtung ist die Ausrichtung der Linien einer Schraffur gemeint. Mit der Schraffurrichtung kann man unterschiedliche Wirkungen erzeugen. Zum Beispiel kann man die Form eines Körpers verdeutlichen oder eine bestimmte Struktur darstellen. Die Schraffurrichtung kann einer Zeichnung auch eine gewisse Dynamik geben.

Die natürliche Bewegung der Hand

Man darf beim Schraffieren auch die natürliche Bewegung der Hand nicht vernachlässigen. Einem Rechtshänder fällt es in der Regel leichter die Striche von links unten nach rechts oben zu ziehen, während Linkshänder von rechts unten nach links oben schraffieren. Ein berühmtes Beispiel hierfür ist Leonardo da Vinci, der viele Zeichnungen mit einer Parallelschraffur zeichnete, die von rechts unten nach links oben verläuft, wie im Bild unten zu sehen ist.

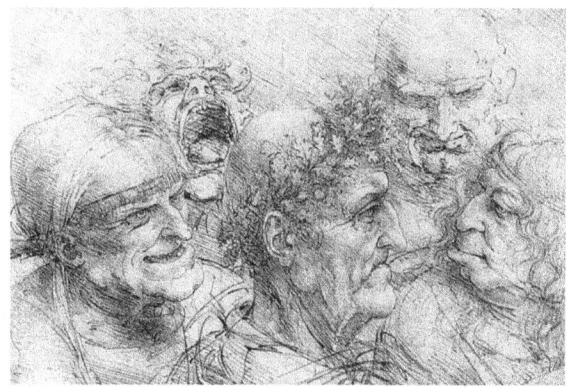

Schraffurtechnik von Leonardo da Vinci
Quelle: Ausschnitt aus der Zeichnung „Groteske Köpfe" (1487) von Leonardo da Vinci

Will man Schraffuren in unterschiedlichen Richtungen zeichnen, kann man das Papier entsprechend drehen, anstatt gegen die natürliche Bewegung der Hand zu arbeiten. Die Vorgehensweise ist jedoch ganz individuell. Man muss es also selbst ausprobieren, dann merkt man relativ schnell, wie einem das Arbeiten am angenehmsten ist.

Parallelschraffur & Kreuzschraffur

Verlaufen die Linien der Schraffur alle parallel in eine Richtung, spricht man von einer Parallelschraffur. Man hat hierbei also nur eine Schraffurrichtung.
Wie bereits erwähnt wurde, werden jedoch häufig mehrere Schraffuren mit unterschiedlichen Schraffurrichtungen übereinandergelegt. Eine Schraffur, die mehr als nur eine Schraffurrichtung hat, wird als Kreuzschraffur bezeichnet.
Durch das Zeichnen einer Kreuzschraffur wird das Liniennetz dichter und der erzeugte Grauton einheitlicher. Man muss dabei jedoch aufpassen, dass man beim Zeichnen keinen zu dunklen Grauton erzeugt.

In den folgenden Bildern siehst Du einige Beispiele für Kreuzschraffuren:

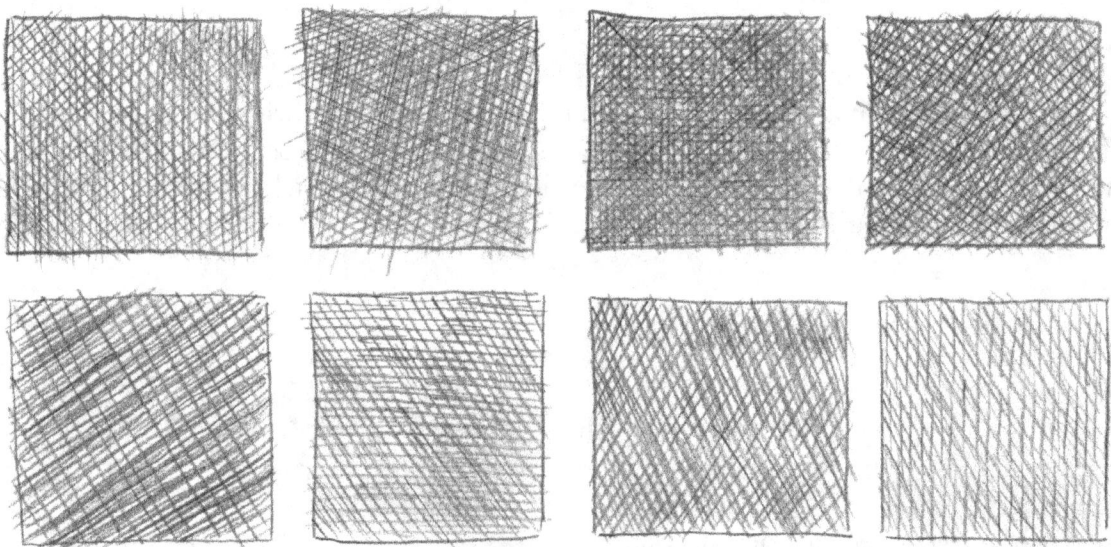

Unterschiedliche Kreuzschraffuren

Tipp: Kreuzschraffuren, die senkrecht und waagrecht verlaufen (0°-90°-Schraffur), erzeugen meistens einen sehr statischen und steifen Eindruck. Man sollte andere Kombinationen bevorzugen.

Zeichentechniken

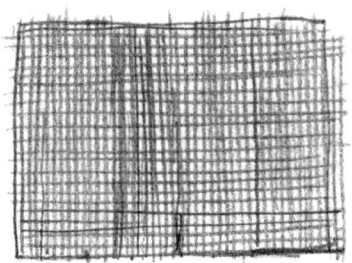

Negativbeispiel:
Kreuzschraffur mit 0°-90°-Ausrichtung

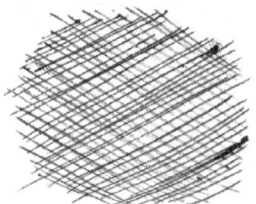

Positivbeispiel:
Kreuzschraffur mit anderer Ausrichtung

Linienform

Schraffuren müssen nicht zwangsweise mit schnurgeraden Linien ausgeführt werden. Es ist auch möglich und häufig sehr sinnvoll die Schraffur mit bogenförmigen oder geschwungenen Linien zu zeichnen.

Mittels Schraffur kann so die Form eines Körpers zusätzlich verdeutlicht werden. Die Schraffur folgt hier also der Form eines Körpers.
Die formbeschreibende Schraffur eignet sich vor allem bei Objekten mit konvexen oder konkaven Formen.

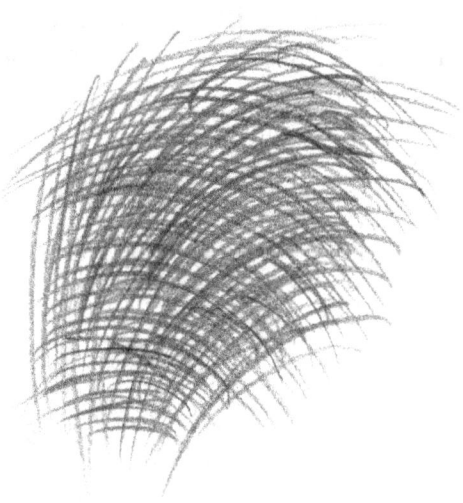

Beispiel - Formbeschreibende Schraffur

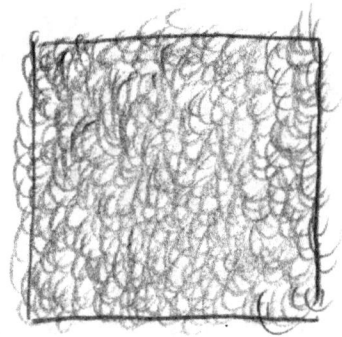

Beispiel – Kringelschraffur

Eine andere Variante sind zum Beispiel Kringellinien, mit denen man auch durch Schraffur eine gewisse Struktur oder Oberflächenbeschaffenheit vermitteln kann.

Schraffurstil

Mit dem Schraffurstil ist die Art gemeint, in der man die Striche einer Schraffur zeichnet oder wie man die verschiedenen Schraffurgruppen anordnet.

Man kann zum Beispiel lange Linien zeichnen, kurze oder wiederum unterschiedlich lange Striche innerhalb einer Schraffur. Man kann auch mit Kritzellinien schraffieren oder mit chaotischen Linien, die keine einheitliche Ausrichtung aufweisen. Manche Zeichner schraffieren auch, indem sie kleine Schraffurgrüppchen mit unterschiedlicher Ausrichtung mehr oder weniger chaotisch anordnen.

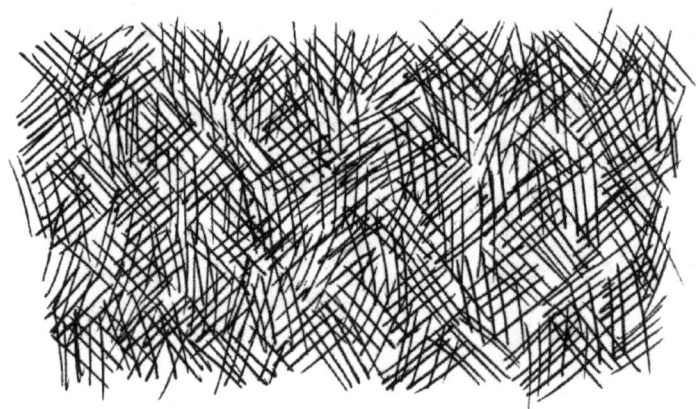

Schraffur mit unterschiedlich orientierten Schraffurgrüppchen

Zeichentechniken

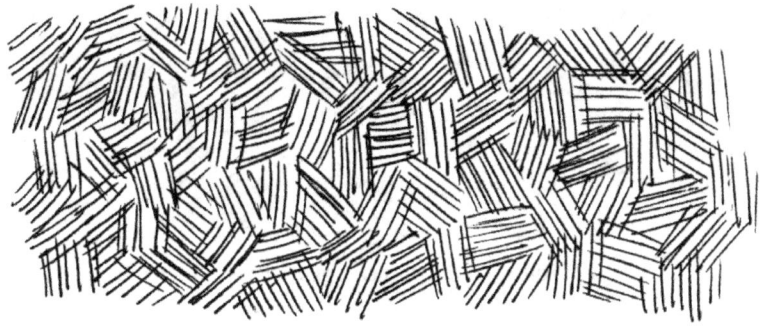

Schraffur mit unterschiedlich orientierten Schraffurgrüppchen

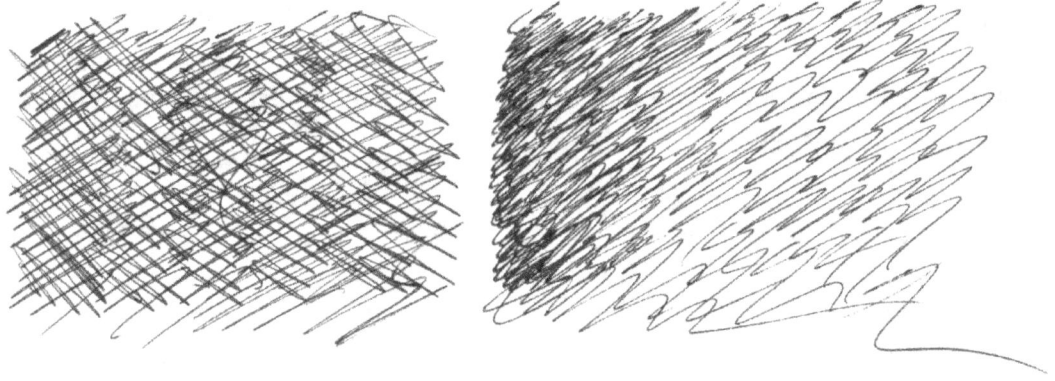

Kritzelschraffuren

Problem: Grafische Grenzen

An den Berührungspunkten von zwei Schraffuren ist die Liniendichte in der Regel erhöht. Diese Überschneidung erkennt man innerhalb der Schraffur als verdunkelten Grenzbereich – man spricht hier auch von grafischen Grenzen. Überschneiden sich die Schraffuren nicht, besteht die Gefahr, dass eine weiße Grenzlinie entsteht. Selten bringt man zwei aneinandergrenzende Schraffuren auf den Punkt genau hin, sodass keine derartige Unregelmäßigkeit entsteht.

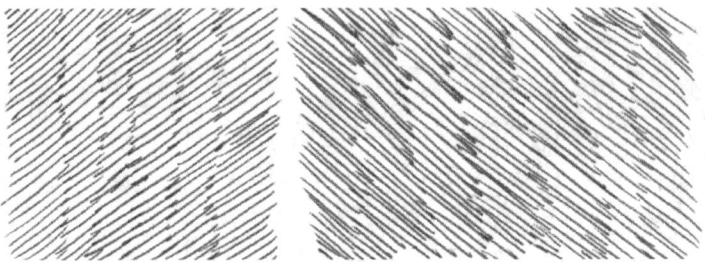

Schraffuren mit sichtbaren „grafischen Grenzen"

Beim Versuch diese unerwünschten Verdunklungen unsichtbar zu machen, kann man sich behelfen, indem man einen anderen Schraffurstil anwendet.
Man kann zum Beispiel die Schraffuren so stark überschneiden lassen, dass die grafischen Grenzen verschwinden. Dabei sind die Schraffuren sozusagen ineinander verzahnt. Eine andere Möglichkeit ist die Verwendung unterschiedlich langer Schraffurlinien. Beim Zeichnen mit dem Bleistift kann man das Entstehen grafischer Grenzen verhindern, indem man den Druck am Ende der einzelnen Linien etwas reduziert.

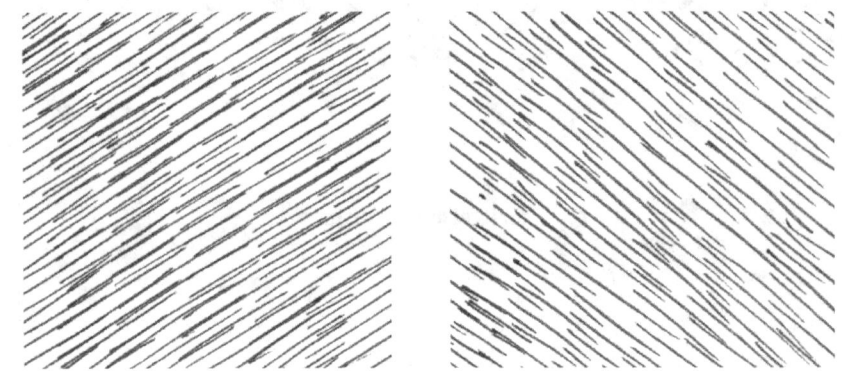

Ineinander verzahnte Schraffur & Schraffur mit unterschiedlich langen Linien

Tipp für besonders realistische Zeichnungen

Wenn man besonders realistische Zeichnungen erstellen will, - bis hin zum Fotorealismus – muss man die Schraffur so dicht und sauber zeichnen, dass man kaum noch etwas von der Schraffur erkennen kann.
Ein Beispiel für eine relativ feine Schraffur kannst Du im folgenden Bild sehen. Es geht jedoch noch sehr viel feiner.

Zeichentechniken

Beispiel für eine besonders dicht und fein gezeichnete Schraffur

Tonwerte mit Schraffur erzeugen

Es gibt verschiedene Möglichkeiten, hellere und dunklere Flächen mit Schraffur zu zeichnen. Im Folgenden werden alle Methoden beschrieben.

Liniendichte

Durch das Verdichten der Linien einer Schraffur kann man die Schraffur dunkler gestalten. Auch durch Überlagern einer weiteren Schraffur mit anderer Ausrichtung kann man das Liniennetz verdichten und die Gesamtschraffur verdunkeln. Will man eine Schraffur hingegen heller gestalten, muss man die Linien mit größerem Abstand zueinander zeichnen.

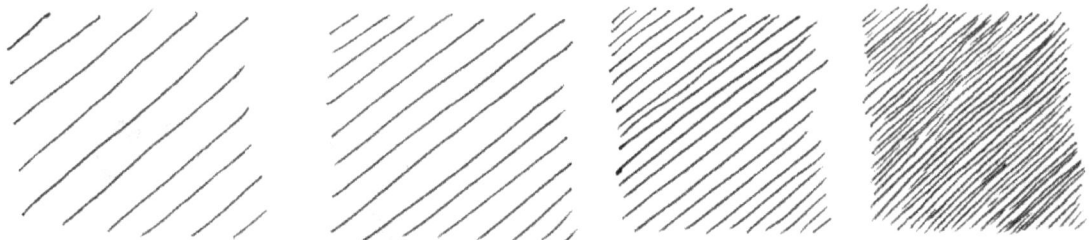

Grautöne schraffieren durch Veränderung der Liniendichte

Zeichnet man mit Tusche, wird hauptsächlich diese Methode angewendet. Einzige Alternative wäre hier das verdünnen der Tusche mit Wasser, um hellere Linien zu zeichnen.

Anpressdruck des Bleistifts

Zeichnet man mit dem Bleistift, hat man auch die Möglichkeit den Anpressdruck des Stifts zu kontrollieren. Drückt man stärker auf, werden die Linien dicker und der Grafitauftrag erhöht sich. Somit wird auch die Schraffur dunkler.
Zeichnet man die Schraffur hingegen mit nur wenig Druck, werden die Linien dünner und heller. So lassen sich auch dichte Schraffuren zeichnen, die immer noch einen hellen Grauton erzeugen.

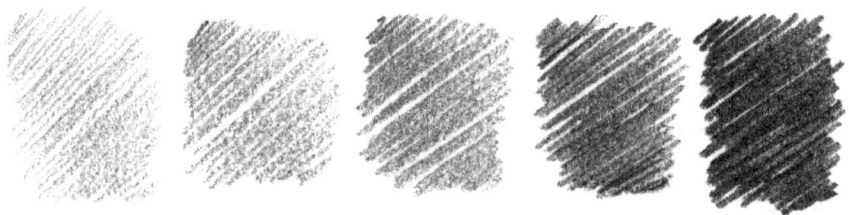

Verschiedene Schraffuren mit unterschiedlichem Anpressdruck gezeichnet

Härtegrad des Bleistifts

Man kann auch Bleistifte unterschiedlicher Härte verwenden, um damit hellere und dunklere Schraffuren zu zeichnen. Harte Bleistifte erzeugen eine helle Schraffur, während weiche Stifte eine dunkle Schraffur schaffen.
Das Vorgehen mit Bleistiften unterschiedlicher Härte ist etwas aufwendiger als die beiden anderen Methoden, da man immer wieder den Stift wechseln muss. Vorteilhaft ist jedoch, dass man nicht Gefahr läuft, aus Versehen zu fest aufzudrücken oder zu dicht zu schraffieren. Man muss also beim Schraffieren nicht so sehr aufpassen, sondern muss in erster Linie nur den passenden Stift wählen.

Schraffuren mit den Bleistifthärten 5H, 2H, HB, 2B und 6B (von links nach rechts)

Hier ist eine Übersicht mit Schraffuren, die mit Bleistiften unterschiedlicher Härte und unterschiedlichem Anpressdruck gezeichnet wurden.

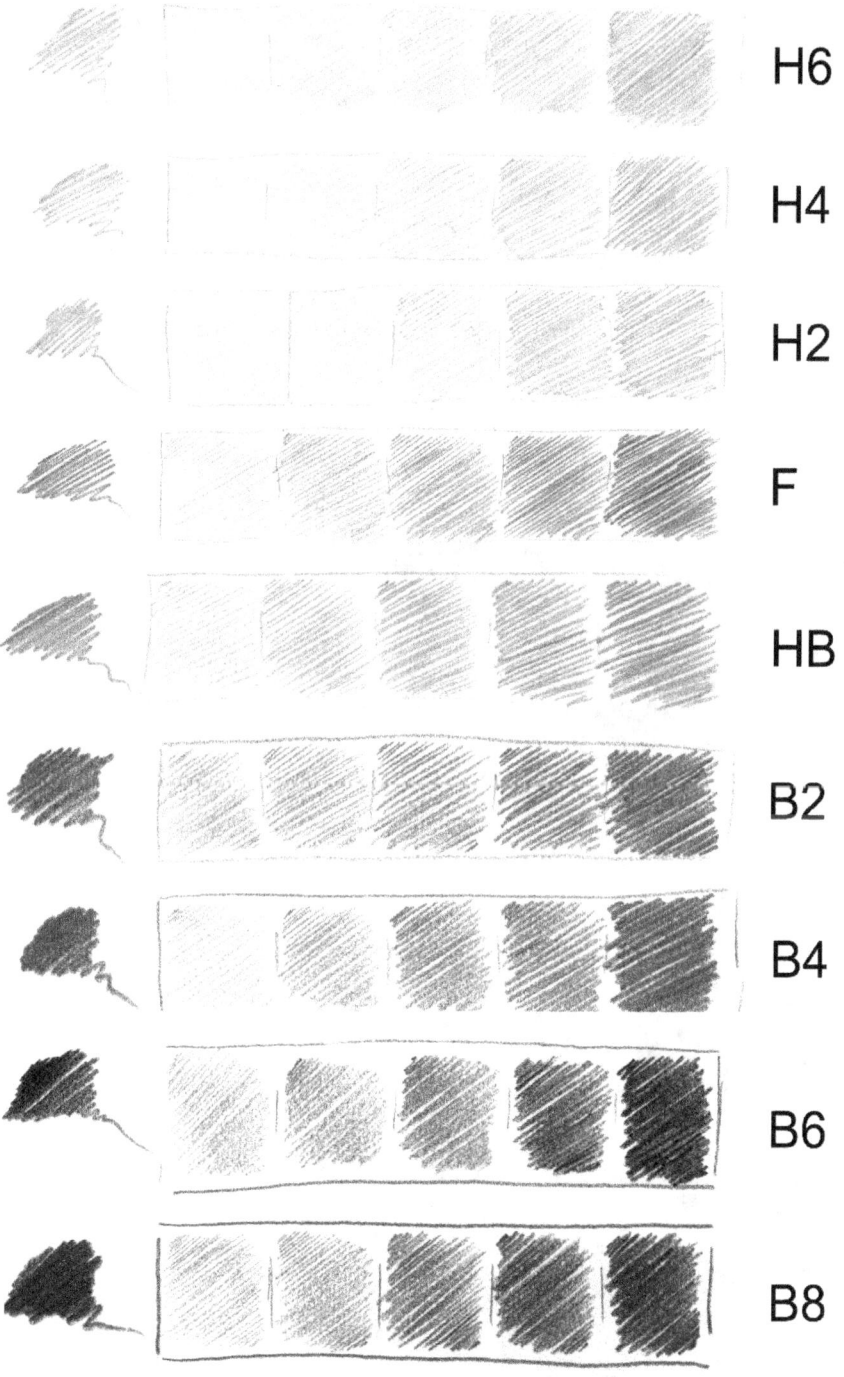

Bildbeispiele – Schraffur

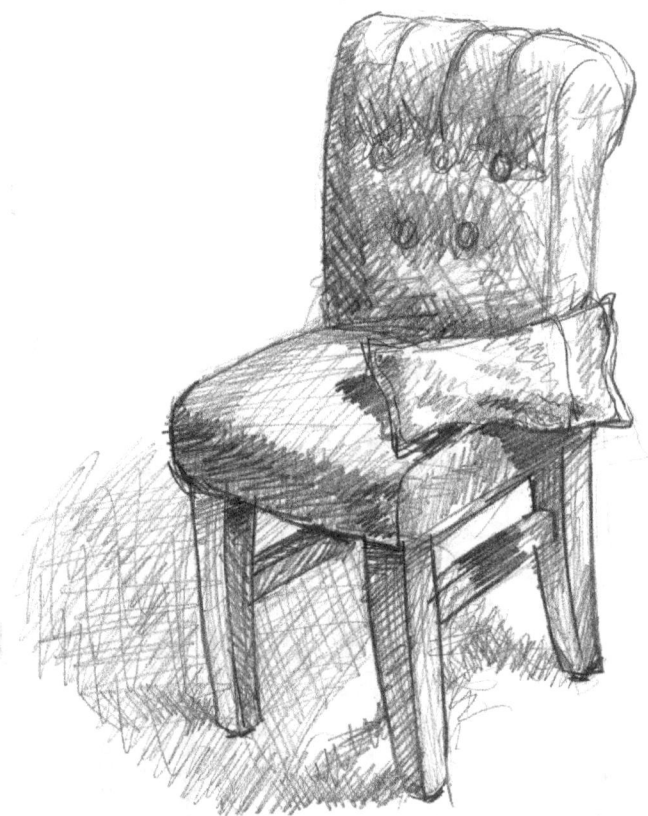

Ein Stuhl mit Kritzelschraffur gezeichnet

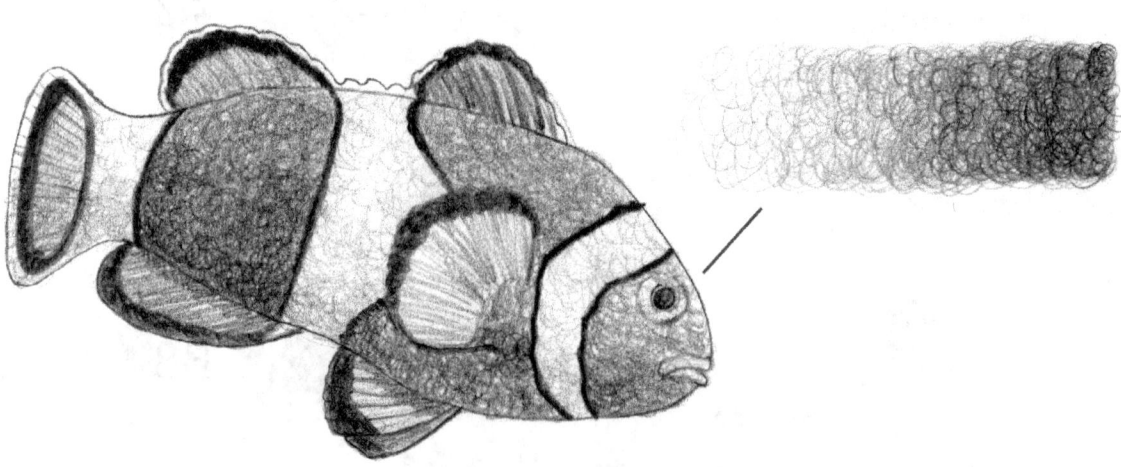

Clownfisch mit Kringelschraffur

Zeichentechniken

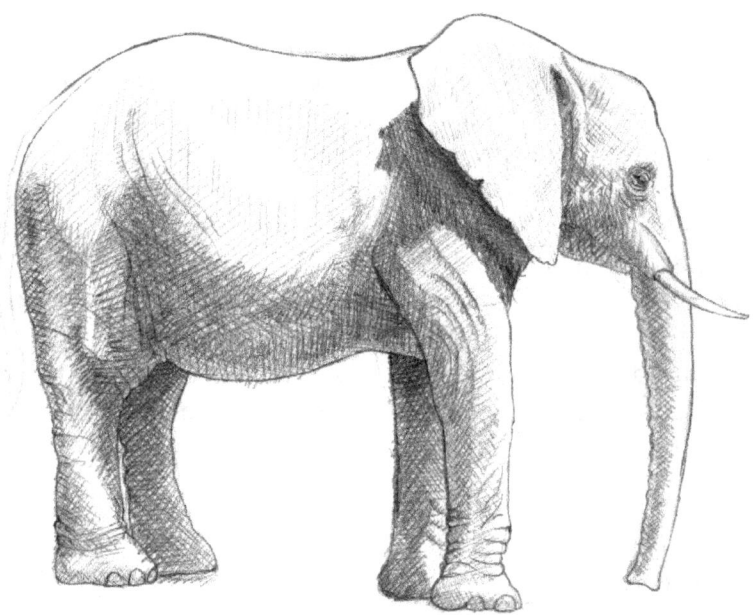

Elefant mit Kreuzschraffur

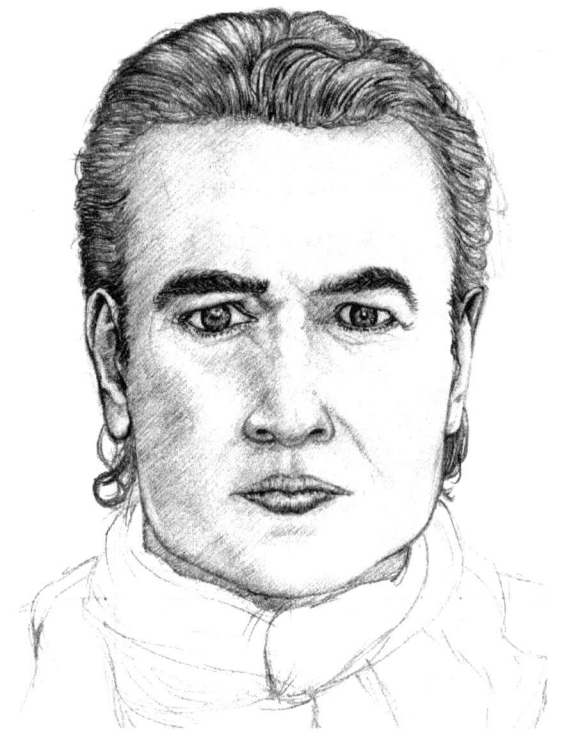

Portraitzeichnung mit Parallelschraffur

Zeichentechnik 2 – Schummern

Beim Schummern zeichnet man mit der Breitseite des Zeichenwerkzeugs, indem man diese in einem relativ flachen Winkel zum Papier hält. Man kann diese Technik mit einem Bleistift/Grafitstift, Farbstift, Kohle und Pastellkreide anwenden.

Durch Schummern kann man sehr schnell und einfach große Flächen füllen, ohne dabei eine besonders versierte Technik beherrschen zu müssen. Daher wird das Schummern von manchen als eine Art Mogeltechnik betrachtet. Zudem handelt es sich hier bereits um eine Zeichentechnik, bei der keine Striche und Linien sichtbar sind, womit die klassischen Kriterien einer Zeichnung nicht mehr erfüllt sind.

Wahrscheinlich sind dies die Gründe, weshalb das Schummern von vielen Zeichnern abgelehnt wird. In der Tat sind die optischen Ergebnisse einer Schraffur häufig beeindruckender und die charakteristische Handschrift des Zeichners kommt deutlicher zum Vorschein.

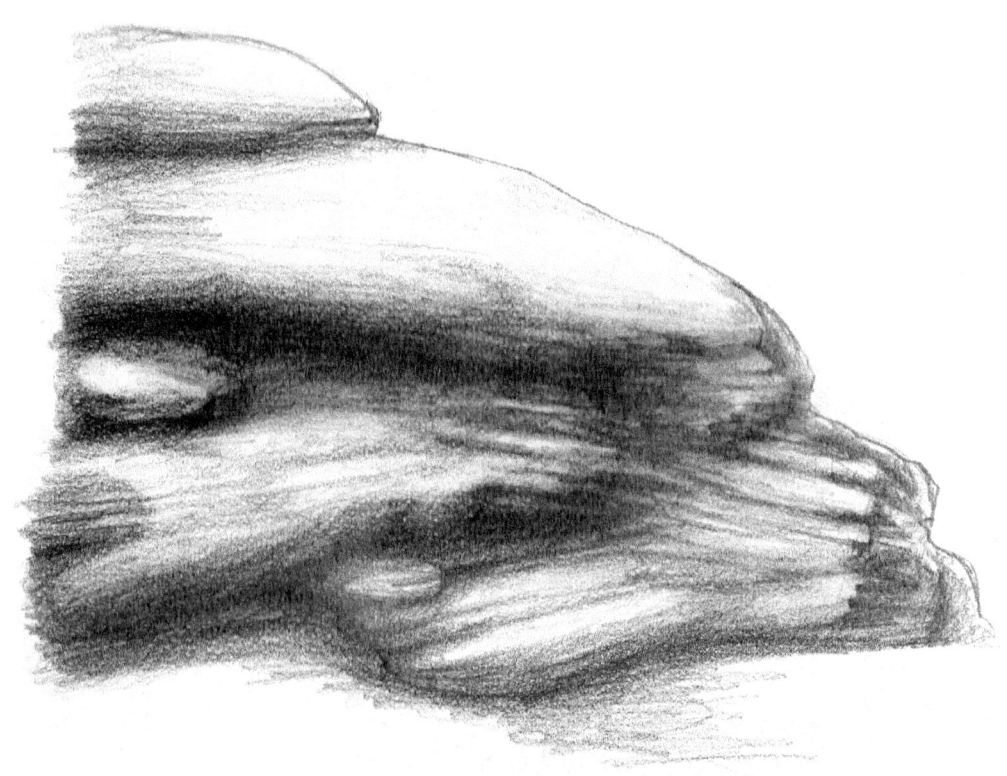

Bildbeispiel: Geschummerte Zeichnung von Felsen
(Vorlage: Die Erschaffung des Adam, Michelangelo Buonarroti)

Ein Vorteil beim Schummern ist, dass man die Rauheit des Papiers nutzen kann, um Strukturen darzustellen. Drückt man mit dem Stift gefühlvoll auf, bleiben die tieferen Strukturen des Papiers weiß. Diesen Effekt kann man sich jedoch nur in sehr wenigen Fällen zu Nutze machen.

Das Schummern wird oft für Skizzen und Entwürfe verwendet oder um in einer Zeichnung Flächen für ein danach folgendes Verwischen vorzubereiten. Gerade dann, wenn man mit Kohle arbeitet, zeichnet man mit der Breitseite des Zeichenwerkzeugs, um danach die Kohle zu verwischen.

Im Bild siehst Du, wie eine geschummerte Fläche aussehen kann. Die Felder wurden mit einer geraden Stiftbewegung geschummert, was im Endergebnis auch sichtbar ist. Alternativ könnte man auch mit einer kreisenden Stiftbewegung schummern.

Vergleiche einfach mal die geschummerten Flächen mit den schraffierten Flächen (vorhergehende Seiten), dann kannst Du selbst beurteilen, was Dir persönlich besser gefällt.

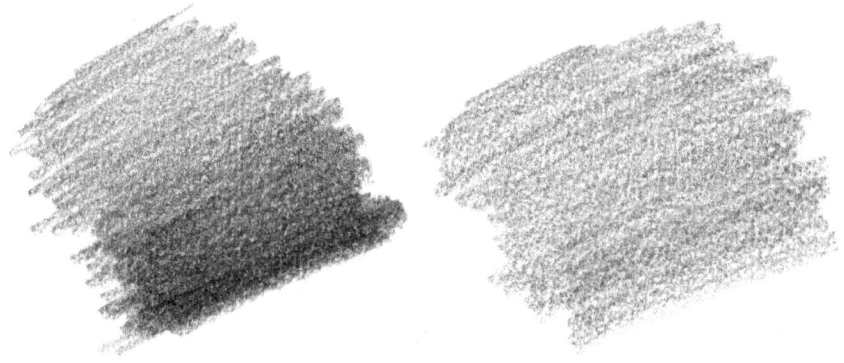

Zeichentechnik Schummern

links: geschummerter Tonwertverlauf; rechts: Fläche mit konstantem Tonwert

Im Bild rechts ist das Ergebnis beim Schummern mit kreisenden Bewegungen zu sehen.

Schummern mit kreisenden Bewegungen

Zeichentechnik 3 – Verwischen

Die Verwischtechnik kann man mit Bleistift, Farbstift, Kreide und Kohle anwenden. Vor allem die losen Zeichenmedien – Kreide und Kohle – eigenen sich hervorragend zum Verwischen. Beim Verwischen wird eine geschummerte oder schraffierte Fläche mit dem Finger oder einem Wischwerkzeug verwischt. Auf diese Weise kann man sehr schnell auch große Flächen ausfüllen und besonders weiche Hell-Dunkel-Verläufe schaffen.
Da Zeichnungen durch das Verwischen unscharf werden, sollte man nachträglich passende Konturen mit Linien nachziehen.

Auch das Verwischen wird von manchen Zeichnern abgelehnt – wie auch das Schummern. Nichtsdestotrotz findet es sehr häufig Anwendung. Auch Künstler wie Leonardo da Vinci haben diese Technik genutzt, um Vorlagen und Studien für ihre späteren Gemälde anzufertigen.
Beim Verwischen ist man bereits an der Grenze zwischen Zeichnung und Malerei, da kaum noch Striche oder Linien zu sehen sind.

Die folgenden Zeichenmedien können verwischt werden:

- Bleistift / Grafitstift
- Buntstift / Farbstift
- Kohle
- Pastellkreide

Man kann mit folgenden Werkzeugen verwischen:

- Finger
- Estompe
- Tortillion
- Watte / Wattestäbchen
- Leder
- Radiergummi
- Pinsel

Im folgenden Bild ist eine Schraffur zu sehen, die verwischt werden soll. Diese einfache Schraffur wurde mit Kohle gezeichnet.

Schraffur mit Kohle

Die angelegte Schraffur kann man nun – zum Beispiel mit einem Estompe – verwischen, wie es im Bild unten dargestellt ist.

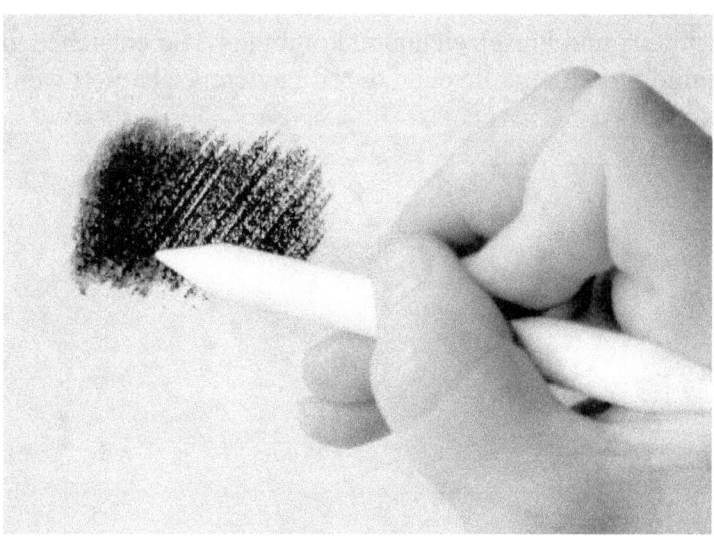

Verwischen mit Estompe

Die verwischte Schraffur sieht dann zum Beispiel so wie im Bild rechts aus. Mit dieser Zeichentechnik lassen sich auch sehr schöne und weiche Hell-Dunkel-Verläufe realisieren, was man im Bild bereits erahnen kann.

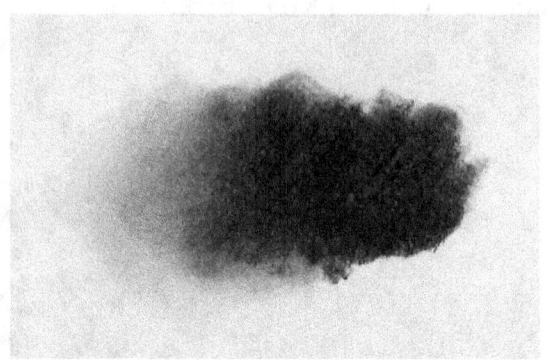

Verwischte Kohle

Zeichentechnik 4 – Lavieren

Die Technik des Lavierens wird in Verbindung mit Tusche und Tinte angewendet. Man bringt die Farbe wie bei der Aquarellmalerei mit einem Pinsel auf, um damit Schattierungen und Tönungen darzustellen. Um Tusche oder Tinte transparent aufzubringen, wird sie mit mehr oder weniger Wasser vermischt.
Oft werden Federzeichnung und Pinselzeichnung kombiniert. So entstehen mit Feder und Tusche gezeichnete Umrisse und Strukturen, die dann durch Lavieren schattiert werden.

Übungen – Schraffur

» Talent haben, das ist das Beste, das zweite, es üben. «

- Epicharm (um 550 - 460 v. Chr.) -

6 Übungen – Schraffur

Nach diesen Seiten geballten Wissens, sind wir gewappnet für die ersten Übungen. Ich habe versucht, mit jeder neuen Übung mindestens eine neue Technik oder Erkenntnis als Übungsziel zu definieren. Damit steigert sich der Schwierigkeitsgrad von einer Übung zur anderen, ohne dass man als Anfänger damit überfordert sein sollte.

Zwischendrin haben wir das eine oder andere kurze Theoriekapitel, in dem z.B. das dreidimensionale Zeichnen und das allgemeine Vorgehen beim Zeichnen beschrieben werden. Es schadet auch nicht, wenn man diese Kapitel bereits jetzt liest, aber ich möchte niemanden mit zu viel Theorie abschrecken, bevor der praktische Teil beginnt.
Wer also noch ein wenig Theorie (v)ertragen kann, liest zuerst das letzte Kapitel und fängt dann mit den Übungen an. Wer gleich die Übungen durcharbeiten möchte, kann dies auch bedenkenlos tun.

6.1 Flächen schraffieren

Lernziele:

- Parallelschraffur lernen
- Kreuzschraffur lernen
- Gleichmäßige Tonwerte mit Schraffur zeichnen

Erforderliches Material:

- Ein Blatt Zeichenpapier
- Ein Bleistift, z.B. 2B, B oder HB
- Anspitzer

Übung

Diese erste Übung ist ganz einfach und soll nur ein Gefühl für das Erstellen einer Schraffur vermitteln. Skizziere eine Handvoll rechteckiger Kästchen auf das Zeichenpapier und fülle diese dann mit einer Schraffur aus.
Beginnen wir einfach mit einer Parallelschraffur. Als Rechtshänder schraffiert man am besten von links unten nach rechts oben. Probiere aber auch andere Schraffurrichtungen aus, dann wirst Du feststellen wie es Dir am leichtesten fällt.
Wie im nächsten Bild zu sehen, kannst Du auch unterschiedlich dichte Schraffuren zeichnen.

Übungen Schraffur

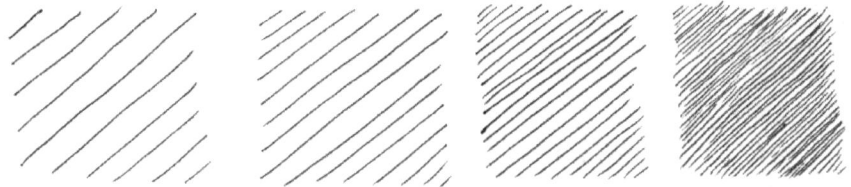

Parallelschraffuren unterschiedlicher Dichte zur Erzeugung unterschiedlicher Tonwerte

Du kannst auch versuchen mit immer demselben Bleistift unterschiedlich dunkle Schraffuren zu zeichnen, indem Du den Anpressdruck des Bleistifts veränderst.

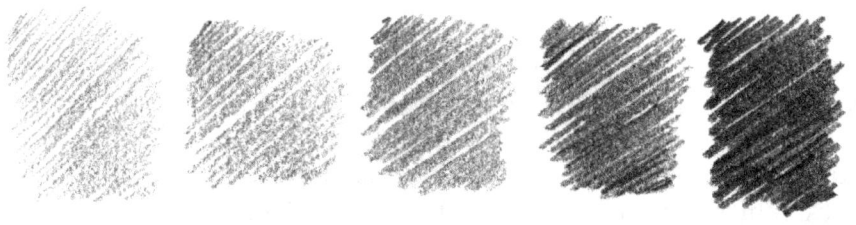

Unterschiedliche dunkle Schraffuren, gezeichnet mit einem 2B-Bleistift

Nun zeichnen wir ein paar Kästchen auf das Papier und schraffiert diese mit einer Kreuzschraffur. Probiere dabei unterschiedliche Kombinationen aus – also unterschiedliche Schraffurrichtungen und unterschiedlich viele Schraffuren übereinander.

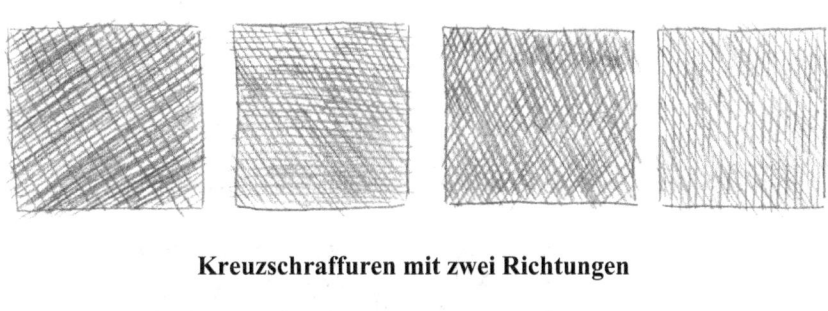

Kreuzschraffuren mit zwei Richtungen

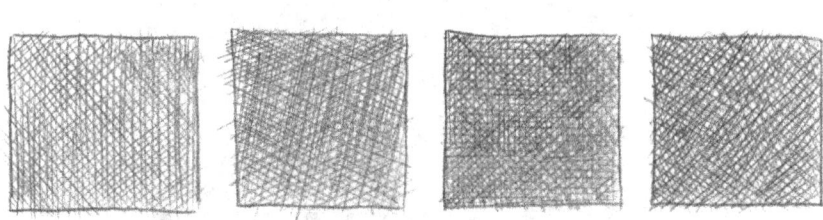

Kreuzschraffuren mit drei und vier Richtungen

6.2 Hell-Dunkel-Verlauf schraffieren

Lernziele:

- Hell-Dunkel-Verläufe mit Schraffur umsetzen

Erforderliches Material:

- Ein Blatt Zeichenpapier
- Ein Bleistift, z.B. 2B, B oder HB
- Anspitzer

Übung

Wir steigern den Schwierigkeitsgrad ein wenig und versuchen nun mit einer Parallelschraffur und einer Kreuzschraffur einen Hell-Dunkel-Verlauf zu zeichnen.

Das Ergebnis dieser Übung kann dann wie folgt aussehen. Du kannst natürlich auch andere Schraffurarten ausprobieren. Denk daran, dass Du mit der Schraffur heller werden kannst, indem Du die Dichte der Schraffur reduzierst oder indem Du mit dem Bleistift weniger fest aufdrückst.

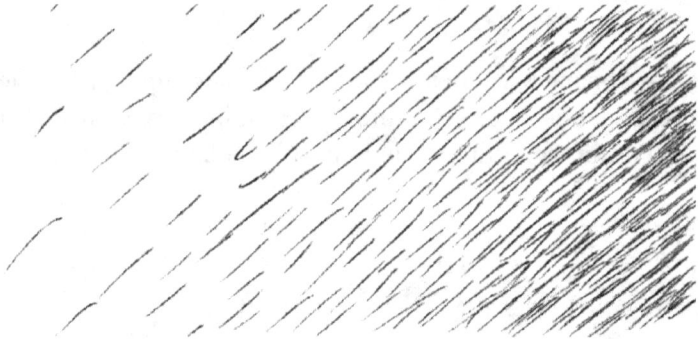

Hell-Dunkel-Verlauf mit einer einfachen Schraffur

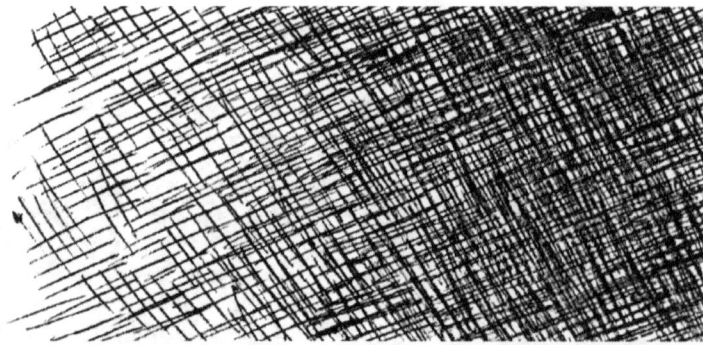

Hell-Dunkel-Verlauf mit einer einfachen Schraffur

6.3 Hell-Dunkel-Verlauf mit unterschiedlichen Bleistiften

Lernziele:

- Hell-Dunkel-Verläufe mit unterschiedlichen Bleistifthärten schraffieren

Erforderliches Material:

- Ein Blatt Zeichenpapier
- Bleistifte mit unterschiedlichen Härtegraden, z.B. 5B bis 5H
- Anspitzer

Übung

In dieser Übung wollen wir noch einmal einen Hell-Dunkel-Verlauf zeichnen. Der Unterschied bei dieser Übung ist, dass wir dieses Mal Bleistifte mit unterschiedlichen Härtegraden verwenden. Für das folgende Beispielbild habe ich Bleistifte von 5B bis 5H verwendet (also 5B, 4B, 3B, 2B, B, HB, H, 1H, 2H, 3H, 4H und 5H).
Man fängt zum Beispiel ganz rechts mit dem dunkelsten Bereich an und verwendet hierfür den weichsten Bleistift – z.B. 5B. Dann verwendet man immer härtere Bleistifte (4B, 3B, 2B usw.) und schraffiert damit nach und nach von rechts nach links. Ganz am Ende, wo die Schraffur am hellsten ist, verwendet man den härtesten Bleistift (in diesem Falle 5H).

Das Ergebnis sollte dann in etwa so aussehen wie im folgenden Bild. Bei der Schraffur handelt es sich um eine Parallelschraffur. Man kann das Beispiel natürlich auch mit einer Kreuzschraffur durchführen.

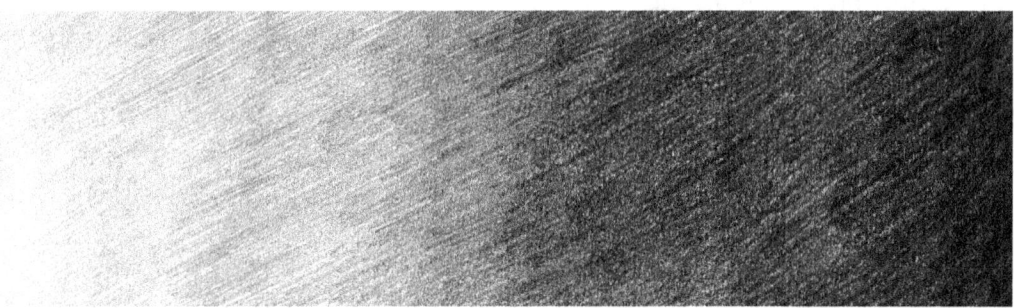

Hell-Dunkel-Verlauf mit Bleistiften unterschiedlicher Härte

6.4 Berge mit Luftperspektive

Lernziele:

- Schraffieren mit der natürlichen Bewegung der Hand
- Flächen gleichmäßig mit unterschiedlichen Bleistifthärten schraffieren
- Luftperspektive
- Gestaltungselemente Fläche und Hell-Dunkel

Erforderliches Material:

- Ein Blatt Zeichenpapier (etwa DIN A4 oder A5)
- Bleistifte in den Härtegraden 5H, 2H, HB und 2B
- Anspitzer

Übung

In dieser Zeichenübung zeichnen wir eine Hügellandschaft, die in drei Ebenen aufgebaut ist. Die Ebenen stellen jeweils Berge oder Hügel dar und werden nach hinten hin immer heller. Die unterschiedlichen Ebenen zeichnen wir mit je einem Bleistift mit passender Härte. Das bedeutet, die hellen Flächen im Hintergrund zeichnen wir mit einem harten Bleistift, die dunkleren Flächen mit einem weichen Bleistift. Ich empfehle hierbei den Himmel mit einem 5H-Bleistift zu zeichnen, die Hügel ganz hinten mit 2H, die in der Mitte mit HB und die Ebene ganz vorne mit der Härte 2B.

Beim Schraffieren solltest Du in dieser Übung jede Ebene mit einer anderen Schraffurrichtung schraffieren. Die Schraffur kann dabei eine Parallelschraffur sein - wer will, kann es jedoch auch mit Kreuzschraffur probieren.
Achte bewusst darauf, welche Schraffierrichtung für Dich am angenehmsten ist.

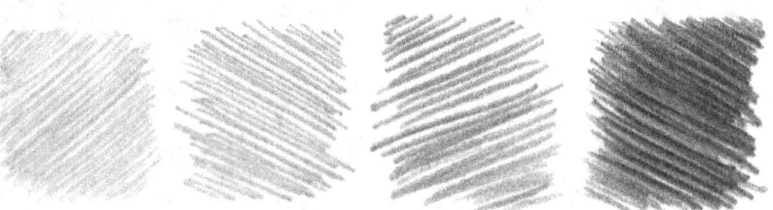

Schraffuren mit Bleistiften unterschiedlicher Härte

In dieser Übung setzen wir als Gestaltungselemente Linien, Flächen und Hell-Dunkel ein. Die Fläche kommt in Form der verschiedenen Ebenen vor. Diese Ebenen sind durch Linien voneinander getrennt. Aber auch das Hell-Dunkel trennt die Ebenen voneinander. Durch diese

Aufhellung nach hinten hin, kommt auch eine gewisse Tiefenwirkung in diese einfache Berglandschaft. Dabei handelt es sich um die sogenannte Luftperspektive.

Begriffserklärung: Luftperspektive

Die Luftperspektive wird in Zeichnungen und Gemälden verwendet, um einen Tiefeneindruck in Landschaftsbildern zu erzeugen. In Realität handelt es sich hier um einen atmosphärischen Effekt. Das Licht wird durch Luftmoleküle, Dunst und Staub abgelenkt, was dazu führt, dass entfernte Objekte einen leichten Blauschimmer bekommen, heller erscheinen und kontrastärmer sind. Aufgrund des Blauschimmers ist in der Malerei auch oft vom Verblauungseffekt bzw. der Farbperspektive die Rede.
Da wir aber in unserer Zeichnung keine Farbe einsetzten, können wir diesen Effekt nur durch die Aufhellung der entfernten Objekte erzeugen.

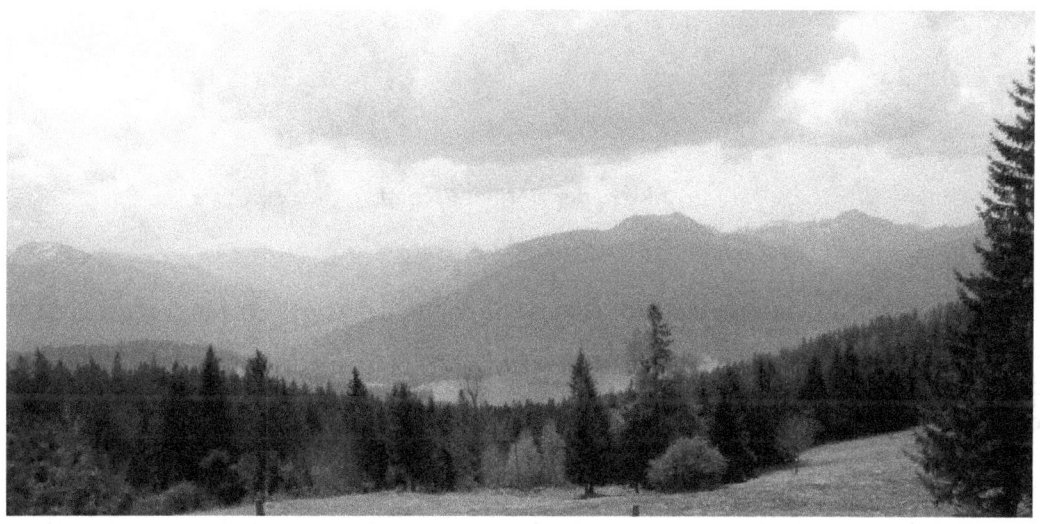

Beispiel für die Luftperspektive

Übung – Schritt für Schritt

Wir starten die Übung mit einer Skizze der Berglandschaft. Für diese Skizze kann man den 2B-Bleistift verwenden. Die Konturen der Berge werden mit geschwungenen Linien dargestellt.
Im folgenden Bild ist die Skizze hierfür zu sehen. Darin ist auch eingezeichnet, welche Bleistifthärten Du für welche Ebene verwenden kannst.

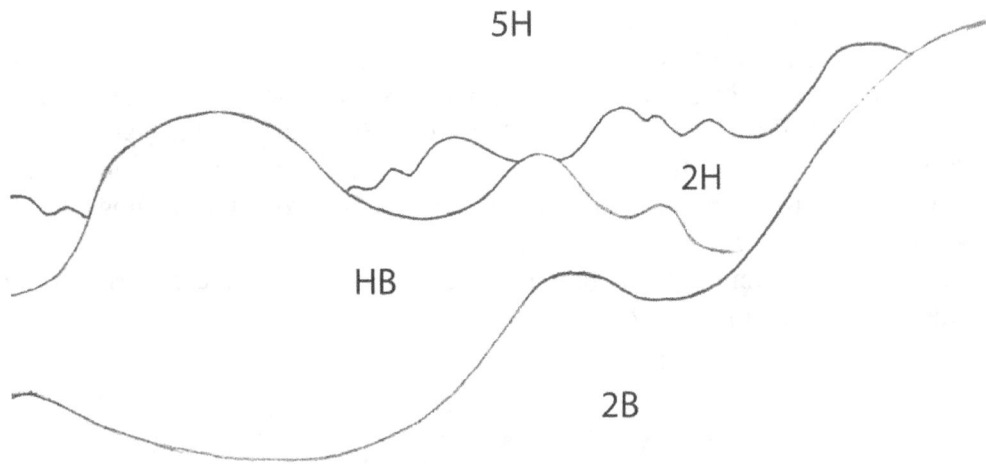

Skizze der Berglandschaft

Nun schraffiert man einfach eine Ebene nach der anderen. Am besten fängt man ganz oben an, also bei der Ebene die am entferntesten liegt. Das ist in diesem Falle der Himmel, der im folgenden Bild mit einer waagrechten Schraffur gezeichnet ist, um ein Gefühl von Weite zu erzeugen.

Danach folgen die Bergketten, die man zum Beispiel mit schrägen Schraffuren ausfüllen kann. Es ergibt außerdem einen schönen Effekt, wenn man die Schraffur der Bergketten immer um 90° zur vorhergehenden dreht.

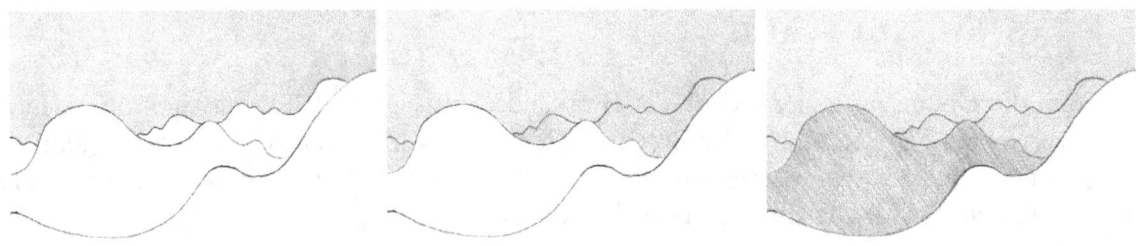

Schraffur von drei Ebenen

Die Berge ganz vorne werden mit dem 2B-Bleistift schraffiert. Mit dieser letzten Ebene ist die Übung auch schon zu Ende und wir können uns schwierigeren Aufgaben zuwenden.

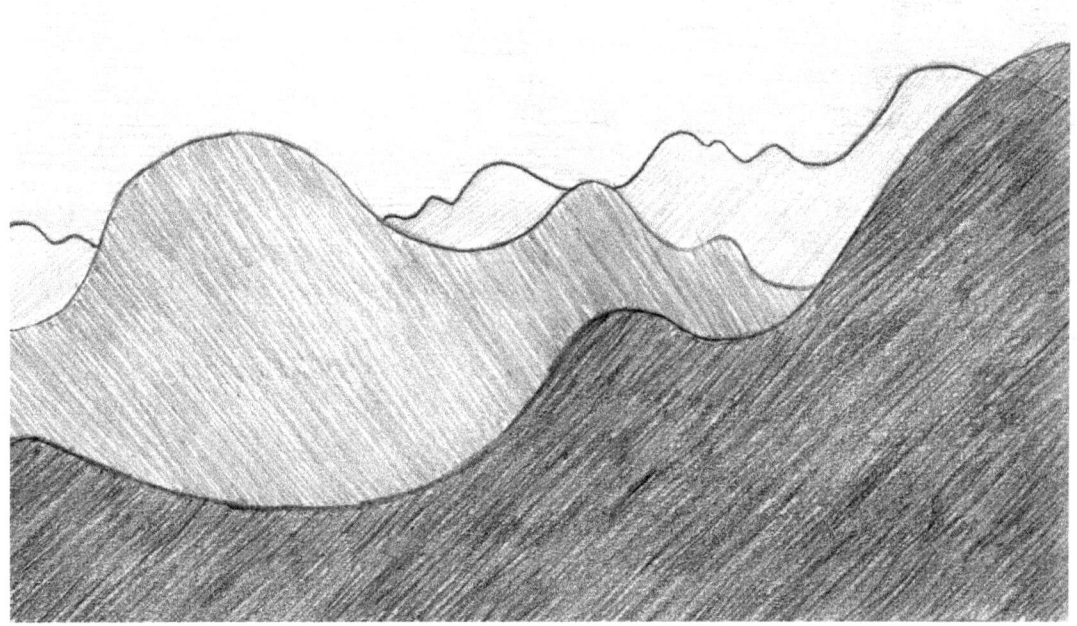

Die Ebene ganz vorne mit 2B-Bleistift schraffiert

6.5 Berge mit Kreuzschraffur

Lernziele:

- Schraffieren mit der Kreuzschraffur
- Vertiefung und Übung des bisher gelernten

Erforderliches Material:

- Ein Blatt Zeichenpapier (etwa DIN A4 oder A5)
- Bleistifte in den Härtegraden 5H bis H, HB und B bis 6B
- Anspitzer

Übung

In dieser Übung geht es hauptsächlich darum das bisher gelernte zu vertiefen. Dabei zeichnen wir dieses Mal noch mehr Bergketten und benutzen hierfür Bleistifte der Härte 5H bis 6B. Welche Berge mit welchem Grafitstift gezeichnet werden, ist wieder in der folgenden Skizze gekennzeichnet. Den Himmel kann man dieses Mal einfach weiß lassen.
Die Berge werden in dieser Übung mit einer Kreuzschraffur gezeichnet, die einen Winkel zum Horizont von +/-45° aufweist.

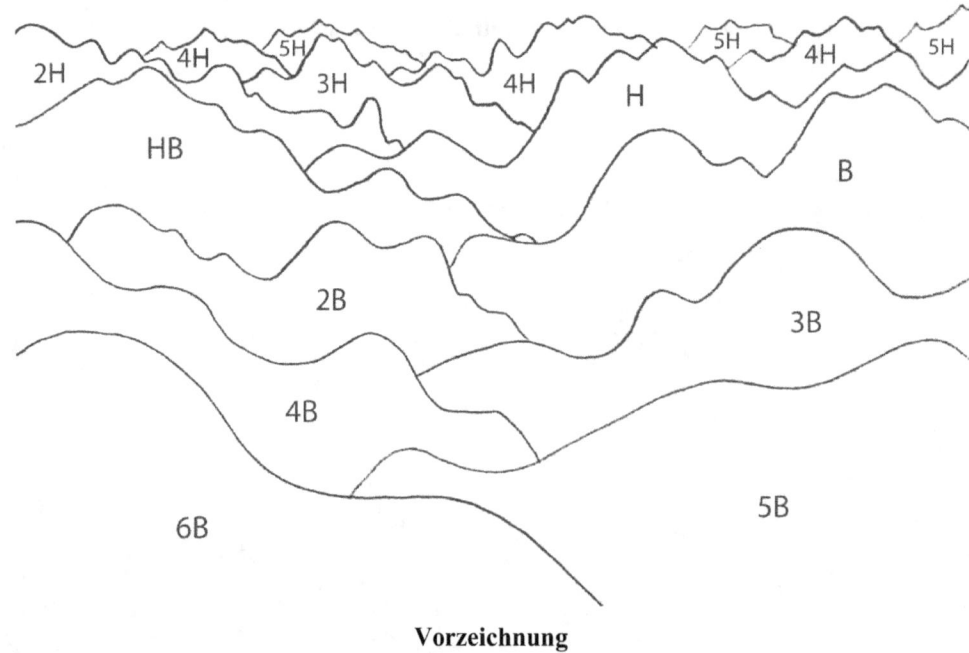

Vorzeichnung

80

Nach einiger Arbeit mit den Bleistiften hat man dann das fertige Ergebnis auf dem Skizzenblock.

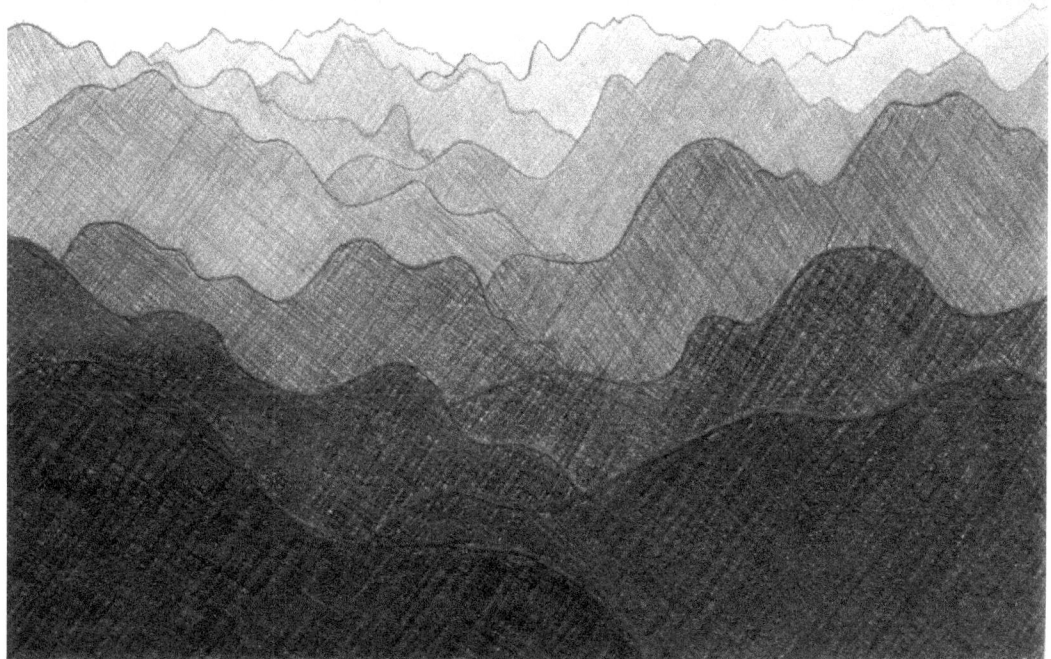

Fertige Zeichnung

Wie Du sehen kannst, ist es schwierig einen Unterschied zwischen den Bergen zu erkennen, die mit dem 4B-, 5B- und 6B-Bleistift gezeichnet wurden. Vor allem zwischen 5B und 6B ist so gut wie kein Unterschied im Tonwert mehr zu sehen. Das bedeutet, der 6B-Grafitstift ist zwar weicher, kann aber offensichtlich kaum noch dunklere Schattierungen erzeugen.

Dreidimensionale Körper darstellen

» Wer die Geometrie begreift, vermag in dieser Welt alles zu verstehen. «

- Galileo Galilei -

7 Dreidimensionale Körper darstellen

In den vorhergehenden Beispielen und Übungen haben wir uns auf die Darstellung von Linien, Flächen und größtenteils zweidimensionalen Motiven beschränkt. Raum und Tiefe haben wir bislang höchstens über Flächen abgebildet. Nun gehen wir einen Schritt weiter und versuchen Objekte darzustellen, die wirklich dreidimensional sind.

Dreidimensional zu zeichnen bedeutet, Körper und Objekte räumlich darzustellen. Dabei wird ihre Form mittels besonderer Zeichentechniken auf dem Papier erkennbar. Motive erscheinen plastisch, greifbar und naturgetreu.

Zu Anfang empfiehlt es sich, das Gefühl für die räumliche Darstellungsweise und Plastizität durch das Betrachten und Abzeichnen einfacher Formen zu entwickeln und zu schulen. Wer hierin einige Übung und Sicherheit erworben hat, kann sich an komplexeren und unregelmäßig geformten Objekten versuchen.

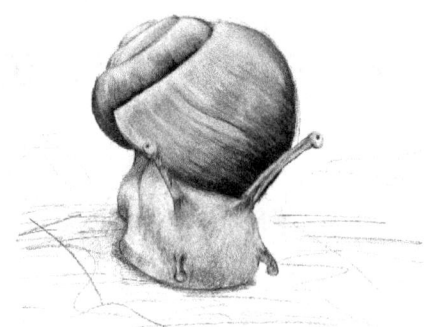

Plastizität erzeugt durch starken Hell-Dunkel-Kontrast

7.1 Übungen

Lernziele:

- Unterschied zwischen zwei- und dreidimensionaler Darstellung verstehen
- Darstellung von dreidimensionalen Körpern

Erforderliches Material:

- Ein Blatt Zeichenpapier (DIN A4 oder A5)
- Ein Bleistift (z.B. Härte 2B) und/oder Tuschestift
- Anspitzer
- Radierer
- evtl. Lineal

Dreidimensionale Körper darstellen

Übung 1: Truck – Den zweidimensionalen Raum verlassen

Mit Hilfe der folgenden Zeichnungen kannst Du nachvollziehen, wie eine Zeichnung nach und nach den zweidimensionalen Raum verlässt und sich in eine vollkommen räumliche Darstellung verwandelt. Als Motiv dient uns ein Lastwagen.

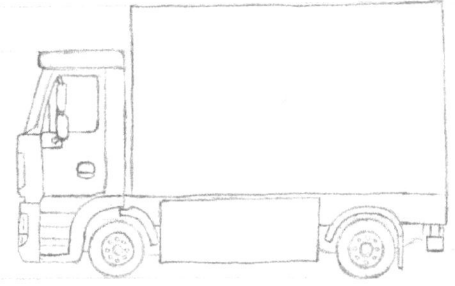

Rein zweidimensionale Zeichnung

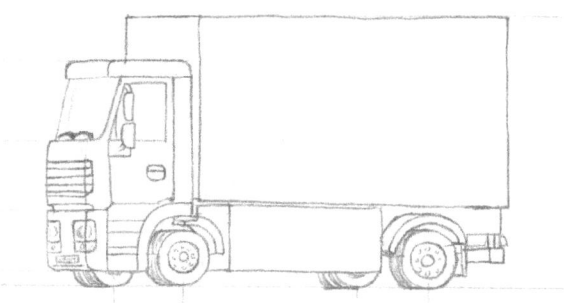

Einfache Erweiterung der Zeichnung in die Tiefe – jedoch nur an einer Seite

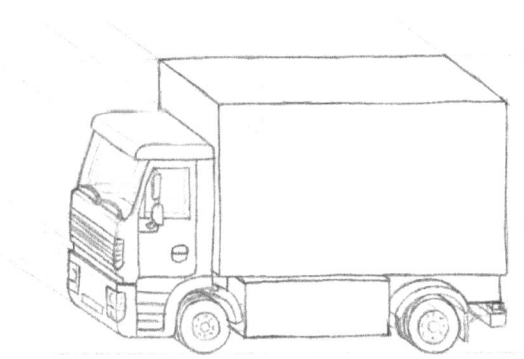

Komplexere Erweiterung der Darstellung in die Tiefe

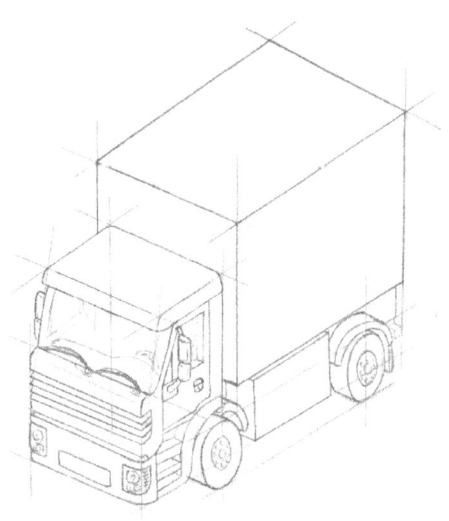

Perspektivische Darstellung von schräg vorne

Noch realistischer, aber auch aufwendiger, wird die dreidimensionale Darstellung von Objekten, durch den Einsatz der sogenannten Fluchtpunktperspektive. Bei dieser Zeichenmethode wird auch die perspektivische Verzerrung dargestellt, die wir in der Realität wahrnehmen.
Eine Zeichnung des Trucks in einer Fluchtpunktperspektive findest Du im folgenden Bild.

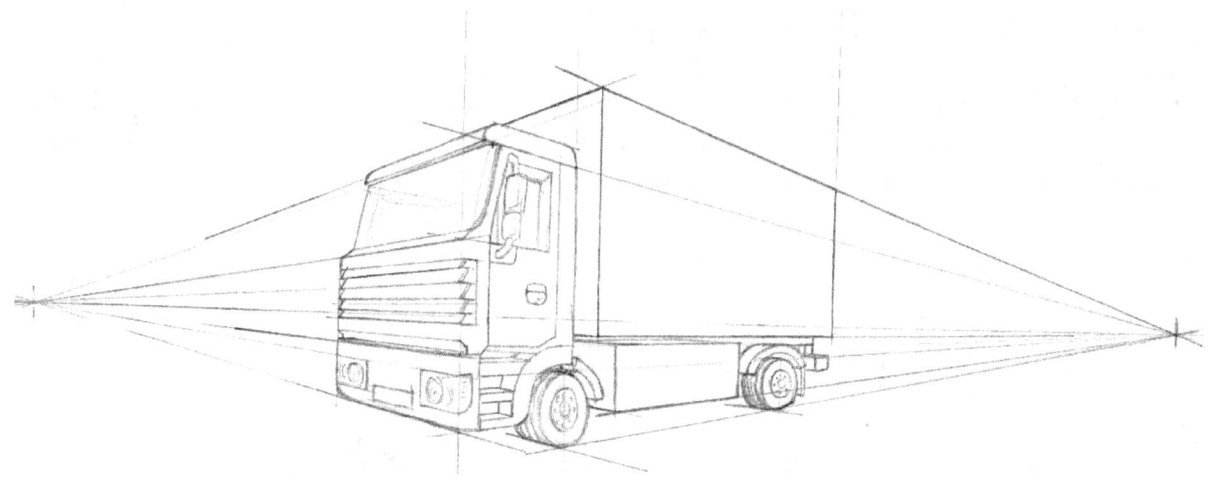

Zeichnung des Trucks in einer Fluchtpunktperspektive

Ich werde auf diese Darstellungsmethode im Rahmen dieses Buchs nicht weiter eingehen. Falls Du mehr darüber erfahren möchtest, empfehle ich mein Buch:
„Perspektive & Raum zeichnen: Die Grundlagen des perspektivischen Zeichnens"

Übung 2: Gebäude – Objekte in Perspektive konstruieren

Wir fahren fort mit einer kleinen Übung, in der ein Gebäude in einer perspektivischen Ansicht gezeichnet werden soll. Ziel ist dabei nur die Darstellung der Konturen - wer möchte, kann hierzu auch ein Lineal verwenden.

Das Zeichnen von Motiven, die geometrisch sehr einfach und streng aufgebaut sind, ist eine wunderbare Übung, da man auf diese Weise ein besseres Gefühl für die Darstellung von Raum und Form erhält. Allerdings liegen diese Arbeiten nicht jedem, da es hier kaum um Intuition geht – vielmehr entspricht dies eher einer technischen Weise zu zeichnen.

Das Motiv soll in einer schrägen Perspektive dargestellt werden. Wir gehen in vier Schritten vor, wobei wir zunächst eine grobe Skizze machen, danach die Form in zwei Schritten genauer herausarbeiten und letztendlich noch einige Details einfügen.

Dreidimensionale Körper darstellen

Schritt 1:
Erste grobe Skizzierung der Form

Schritt 2:
Konkretisierung der Form

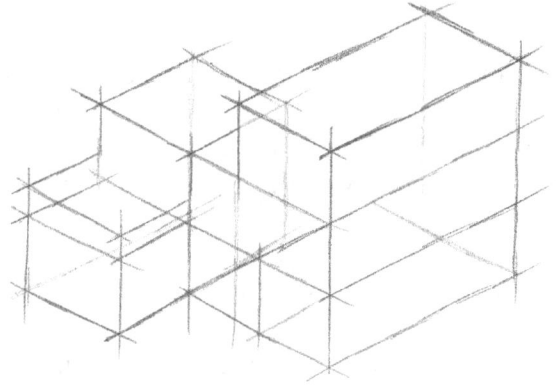
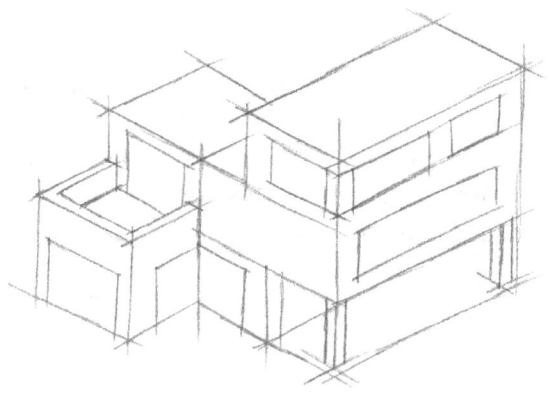

Schritt 3:
Fertigstellung des geometrischen Körpers

Schritt 4:
Detaillierung und Fertigstellung der Zeichnung

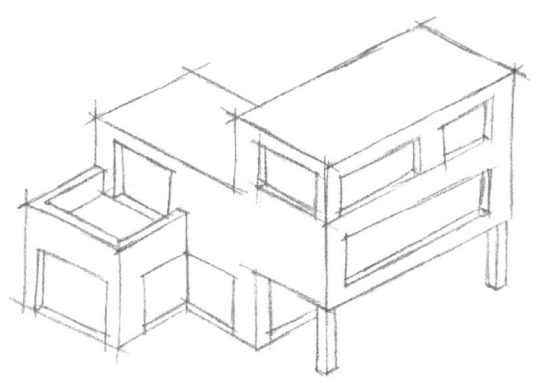
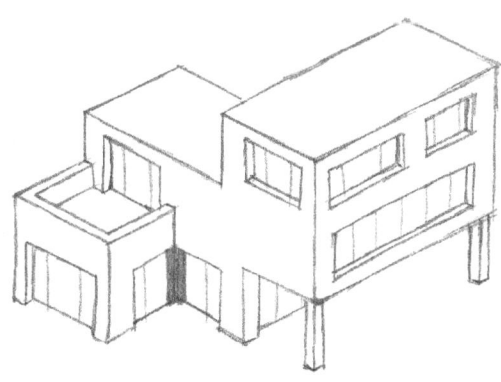

Doch die Technik des dreidimensionalen Zeichnens beschränkt sich nicht alleine auf die geometrische Darstellung. Wichtig ist auch die Abbildung von Schatten. Erst durch die Schattierung entfalten Motive ihre vollständige, räumliche Wirkung.

7.2 Schatten zeichnen

In den vorhergehenden Übungen haben wir intensiv das Schraffieren geübt und erfahren, wie man Motive räumlich abbilden kann. Es ist nun an der Zeit weiter voranzuschreiten und das Gelernte in einem neuen Bereich einzusetzen.
Wir wollen nun versuchen dreidimensionale Körper zu zeichnen und diese dann mit Hilfe von Schraffuren zu schattieren. Jetzt wird es also richtig spannend.

Mit der Darstellung von Schatten kommt die dreidimensionale Form eines Körpers erst vollständig zum Vorschein – die Objekte wirken dadurch plastisch. Daher hat das Zeichnen von Schraffuren vor allem für die Darstellung von räumlichen Körpern große Bedeutung.
Man muss dabei jedoch stets auf die richtigen Proportionen der Schatten achten und darauf, dass man den richtigen Tonwert trifft.

Voraussetzung für die Darstellung von Schatten ist das entsprechende Grundwissen über das Zusammenwirken von Licht und Schatten. Bekannt ist uns allen, dass Schatten überall dort entstehen, wo das Licht nicht hingelangt. Scheint die Sonne zum Beispiel auf eine Mauer, ist diese auf der einen Seite hell beleuchtet, während sie auf der anderen Seite dunkel ist. Doch nicht nur die Mauer selbst ist auf einer Seite dunkel, auch auf dem Boden entsteht ein Schatten, der von der Mauer geworfen wird.
Das folgende Bild beschreibt die unterschiedlichen Arten und Bereiche von Schatten am Beispiel einer Kugel.

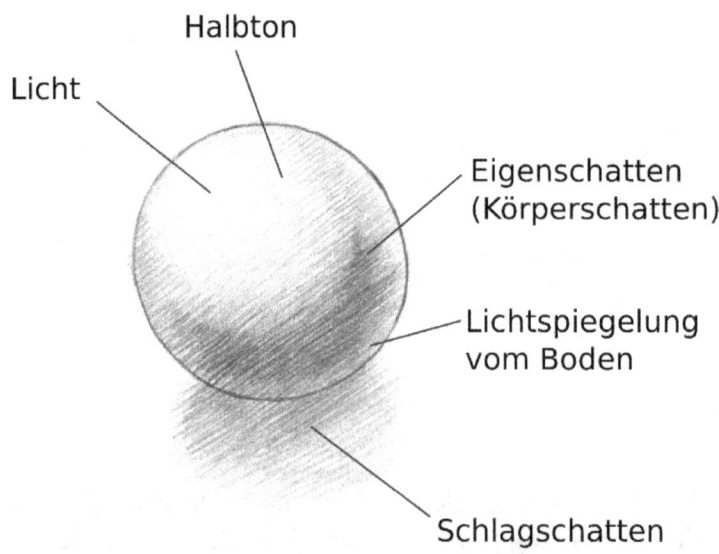

Schatten am Beispiel einer Kugel

7.3 Schatten konstruieren und zeichnen

Um die Schatten korrekt wiederzugeben, hat man am besten eine Vorlage, von der man abzeichnen kann (sei es ein reales Zeichenobjekt oder eine Fotovorlage). Ansonsten kann man sich zumindest bei einfachen Körpern die Schatten selbst konstruieren.
Hierfür muss man festlegen an welcher Position sich die (imaginäre) Lichtquelle befindet. Daraus ergibt sich dann der Einfallswinkel und Richtungswinkel des Lichts. Damit kann man dann einen Schatten selbst konstruieren, so wie es in der folgenden Zeichnung zu sehen ist.

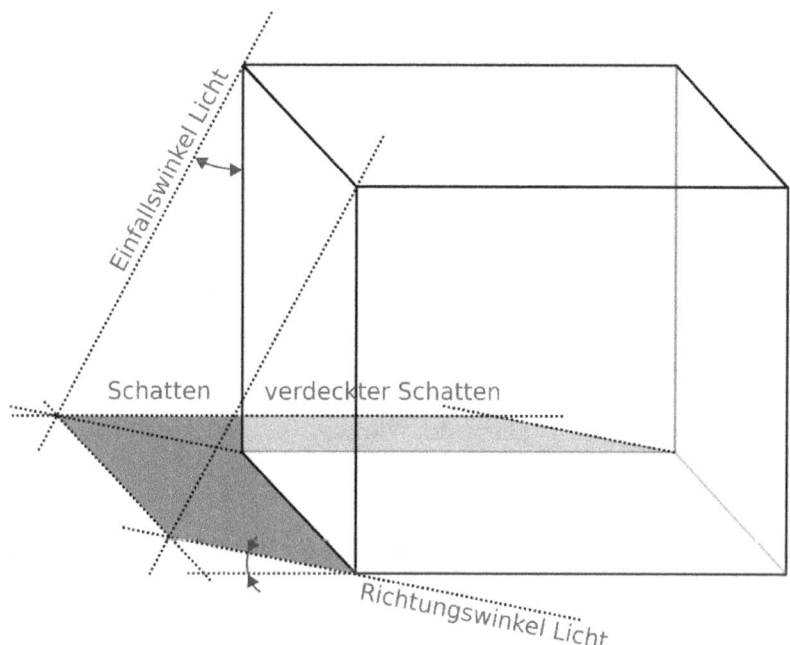

Konstruktion des Schattenwurfs

Wenn man über genügend zeichnerische Erfahrung verfügt, kann man den Schattenwurf auch ohne Hilfslinien darstellen. Auch bei komplizierteren Formen funktioniert dies einigermaßen. Absolut richtig liegt man mit der eigenen Vorstellungskraft und Einschätzung in der Regel nicht – vor allem bei komplexeren Motiven. Daher ist es immer besser, wenn man eine Vorlage zur Verfügung hat.

Übung – Einen Würfel schattieren

Wir starten wieder ganz einfach und simpel. Das erste Objekt ist ein Würfel. Dazu zeichnen wir als erstes eine Skizze des Würfels mit seinen Konturen, wie im folgenden Bild.

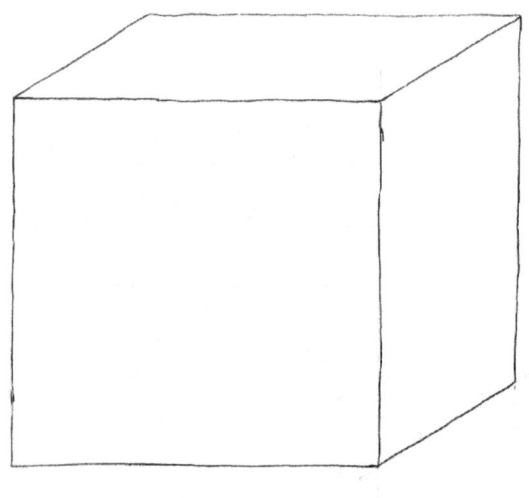

Skizze des Würfels

Diese Vorzeichnung wird nun mit einer Kreuzschraffur schattiert. Beim Zeichnen der Schatten kommt es darauf an von wo das Licht einfällt. Dort, wo das Licht auf einen Körper trifft, ist dieser hell. An Stellen, die das Licht nicht erreichen kann, entstehen Schatten.

Im Beispiel mit dem Würfel stellen wir uns eine imaginäre Lichtquelle vor, die den Würfel von links hinten anscheint. Der Schatten fällt somit nach rechts vorne. Da das Licht eher von links auf den Würfel scheint, ist der Schatten auf der rechten Seite am dunkelsten. Der Schatten auf der Vorderseite ist hingegen etwas heller.
Auf diese Weise schraffiert man nun die Vorderseite und die rechte Seite des Würfels mit unterschiedlich dunklen Kreuzschraffuren. Die Oberseite des Würfels bleibt weiß.

Dreidimensionale Körper darstellen

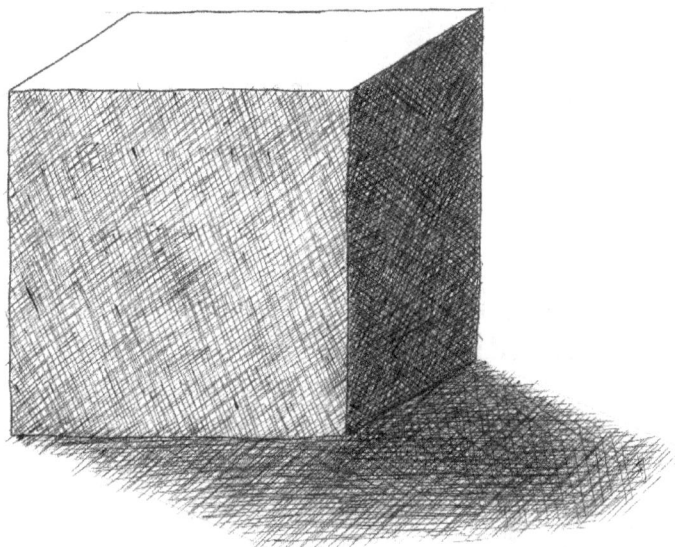

Beispielbild 1: Würfel mit Tuschestift schraffiert

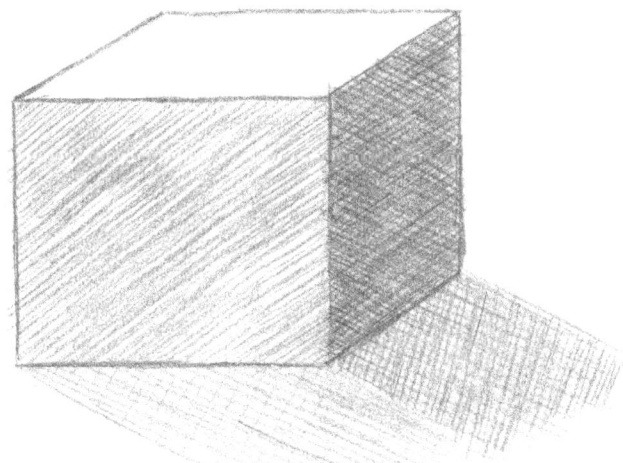

Beispielbild 2: Würfel mit 2B-Bleistift schraffiert

7.4 Darstellung eines Zylinders

Lernziele:

- Dreidimensionale Darstellung eines Zylinders

Erforderliches Material:

- Ein Blatt Zeichenpapier (DIN A4 oder A5)
- Ein Bleistift (z.B. Härte 2B) und/oder Tuschestift
- Anspitzer

Übung

Etwas schwieriger in der Darstellung ist ein Zylinder. Zum Einen muss man hier zunächst die Form korrekt skizzieren, bei der man zwei perspektivisch verzerrte Kreise zeichnen muss und zum Anderen muss man den Schatten als Hell-Dunkel-Verlauf zeichnen. Der Hell-Dunkel-Verlauf ergibt sich aus dem Umstand, dass der Zylinder eine gewölbte Mantelfläche besitzt, während der Würfel gerade Flächen hat.

Zeichnerische Konstruktion eines Zylinders

Um einen Zylinder zu zeichnen, kann man sich damit behelfen, dass man erst einen Quader zeichnet, in den der Zylinder genau hineinpassen würde. Der Quader muss dabei in genau der Perspektive gezeichnet werden, wie auch der Zylinder zu sehen sein soll. Das bedeutet, dass die obere und untere Fläche entsprechend verzerrt dargestellt werden. Innerhalb der viereckigen Ober- und Unterseite des Quaders zeichnet man dann je eine Ellipse. Diese Ellipsen sind perspektivisch verzerrte Kreise. Man verbindet die beiden Ellipsen mit zwei Linien und erhält somit einen Zylinder.
Das folgende Bild veranschaulicht das Vorgehen.

Dreidimensionale Körper darstellen

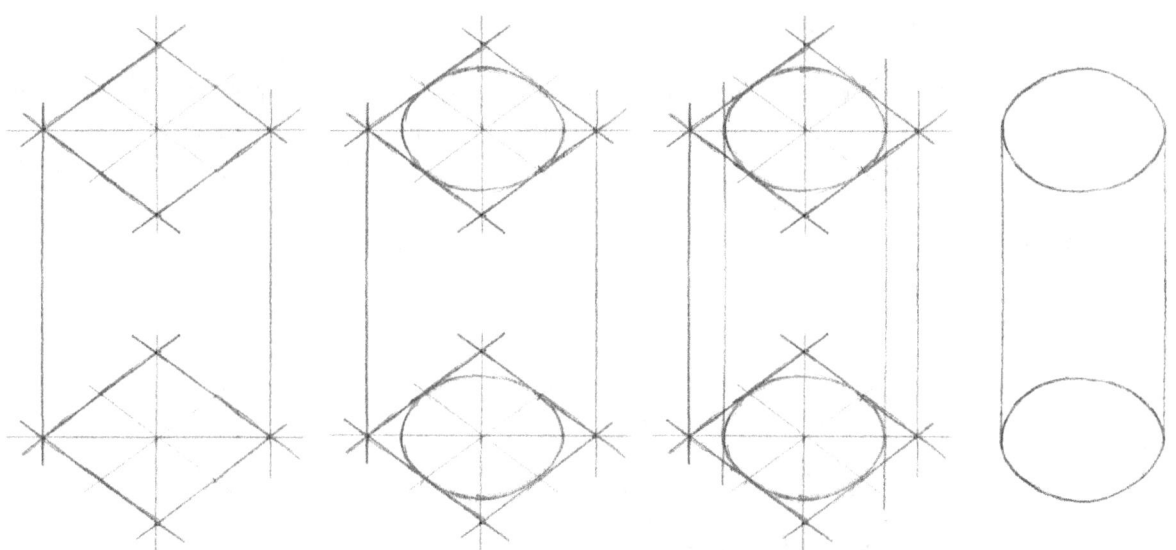

Zeichnerische Konstruktion eines Zylinders in vier Schritten

Auch bei der Schattierung eines Zylinders bietet es sich an ein wenig zu experimentieren. Man kann sich unterschiedliche Lichtquellen vorstellen und so den Zylinder in immer anderen Beleuchtungssituationen zeichnen.
In den folgenden Zeichnungen findest Du einige Beispiele, die zeigen, wie man Zylinder darstellen kann.

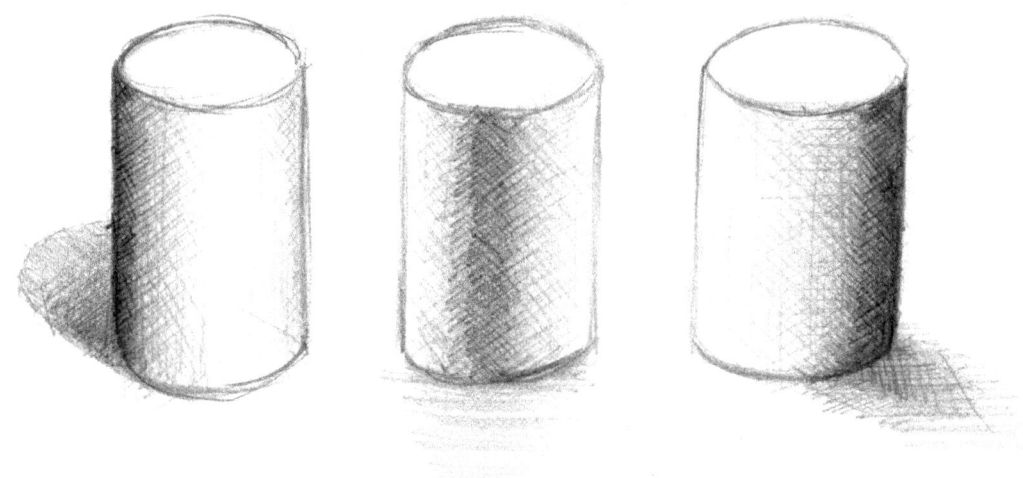

Zylinder in unterschiedlichen Beleuchtungssituationen

Tipp für stärkere Plastizität

Die Plastizität und damit die Form eines Körpers kann man deutlicher hervorheben, indem man mit starken Hell-Dunkel-Kontrasten arbeitet. Bei runden Objekten kann es sich zudem positiv auswirken, wenn man das Objekt gezielt an den Rändern dunkel darstellt – auch wenn dies häufig nicht dem realen Schattenwurf entspricht.
In den folgenden Bildern findest Du Beispiele für diese beiden Tricks.

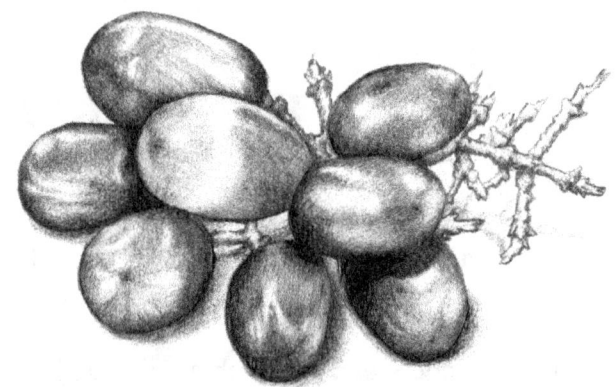

Beispiel für hohe Plastizität durch Schatten an den Rändern

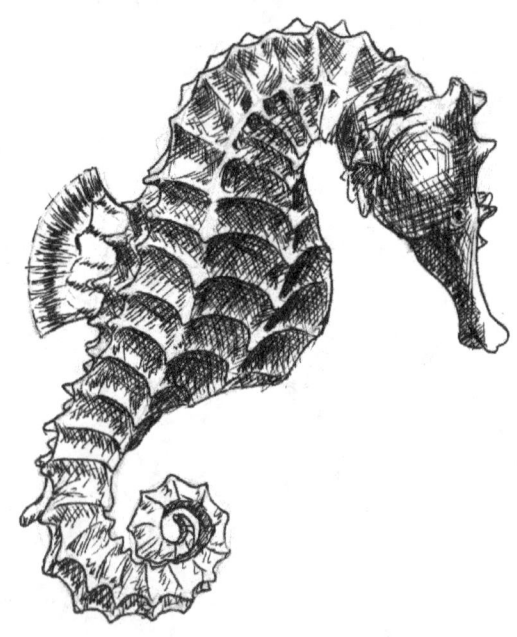

Beispiele für hohe Plastizität durch starke Kontraste

7.5 Darstellung einer Kugel

Lernziele:

- Dreidimensionale Darstellung einer Kugel

Erforderliches Material:

- Ein Blatt Zeichenpapier (DIN A4 oder A5)
- Ein Bleistift (z.B. Härte 2B) und/oder Tuschestift
- Anspitzer

Übung

Zugegebenermaßen ist bereits das Zeichnen der Kontur einer Kugel nicht ganz einfach. Man kann hier ruhig eine Schablone verwenden, oder einfache Hilfsmittel wie z.B. eine Münze oder ein Glas. Nach dieser ersten Hürde folgt die Darstellung der Schatten.

Eine Kugel, die seitlich von oben beleuchtet wird, weist eine leichte Aufhellung an der Unterseite auf. Der dunkelste Schatten zieht sich also nicht bis ganz unten. Grund hierfür ist, dass das Licht vom Boden reflektiert wird und auf die Unterseite der Kugel fällt.

Im Gegensatz zum Zylinder muss man bei einer Kugel außerdem einen Hell-Dunkel-Verlauf in alle Richtungen zeichnen – beim Zylinder reichte ein Verlauf von links nach rechts.

Im nebenstehenden Bild ist die Zeichnung einer Kugel zu sehen, die mit einer einfachen Schraffur schattiert wurde.

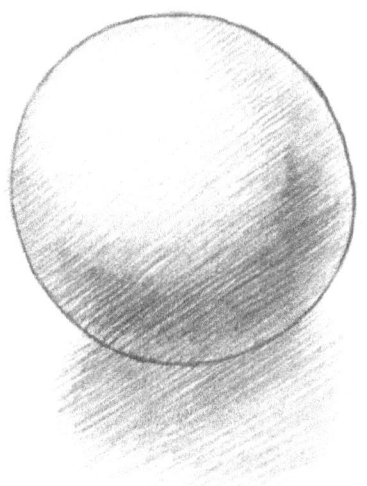

Zeichnung einer Kugel mit Parallelschraffur

7.6 Andere Körper

Lernziele:

- Dreidimensionale Körper darstellen

Erforderliches Material:

- Ein Blatt Zeichenpapier (DIN A4 oder A5)
- Ein Bleistift (z.B. Härte 2B) und/oder Tuschestift
- Anspitzer

Übung

Es gibt noch einige weitere einfache geometrische Körper, auf die man auch im echten Leben immer wieder stößt. Dazu zählen:

- die Pyramide,
- der Pyramidenstumpf,
- der Kegel,
- der Kegelstumpf,
- der Oktaeder,
- die Halbkugel,
- der Torus und
- das Prisma.

Versuche verschiedene geometrische Körper zu abzubilden. Zeichne dabei zuerst die Konturen und schattiere den Körper im Anschluss.
Im folgenden Bild sind ein paar Zeichnungen von einfachen Körpern zu sehen.

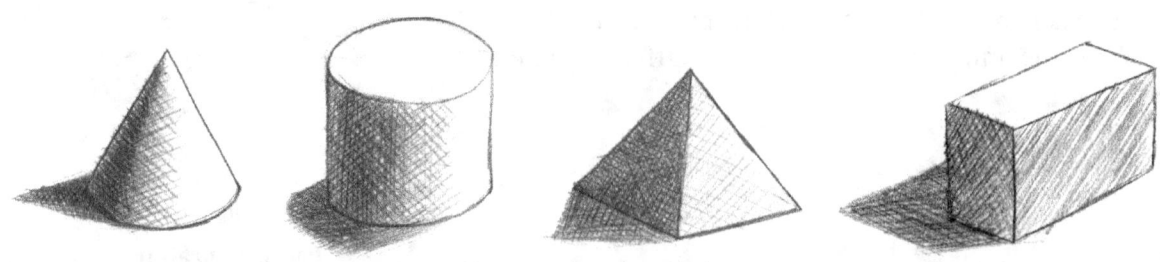

Dreidimensionale Körper: Kegel, Zylinder, Pyramide, Quader

Tipp:
Die zeichnerische Studie einfacher geometrischer Körper ist wichtig, da man in allen komplexeren Objekten diese einfachen Körper wiederfindet. Oft kann man komplexe Formen in mehrere einfache geometrische Körper zerlegen, was beim Zeichnen häufig eine große Hilfe darstellt.

7.7 Licht und Schatten

Lernziele:

- Körper in unterschiedlichen Beleuchtungssituationen darstellen

Erforderliches Material:

- Ein Blatt Zeichenpapier (DIN A4 oder A5)
- Ein Bleistift (z.B. Härte 2B) und/oder Tuschestift
- Anspitzer

Übung

Wie man einfache geometrische Körper zeichnet, haben wir in den vorhergehenden Übungen gelernt. Wir haben auch erfahren wie man den Schatten eines Körpers konstruiert. Es ist sinnvoll nun ein wenig zu experimentieren und verschiedene Formen in unterschiedlichen Beleuchtungssituationen zu zeichnen.

In den folgenden Bildern siehst Du vier Beispiele, die Du abzeichnen kannst. Natürlich kannst Du Dir aber auch eigene Zusammenstellungen ausdenken. Bestimme einfach die Position der Lichtquelle, zeichne beliebige Körper und schattiere diese entsprechend.

Beispiel 1 – Licht von rechts hinten

Hier befindet sich die Lichtquelle hinter den Objekten auf der rechten Seite. Der Würfel und der Zylinder werfen dadurch einen Schatten nach vorne links. Außerdem sind die Körper jeweils an ihrer linken Seite etwas heller.

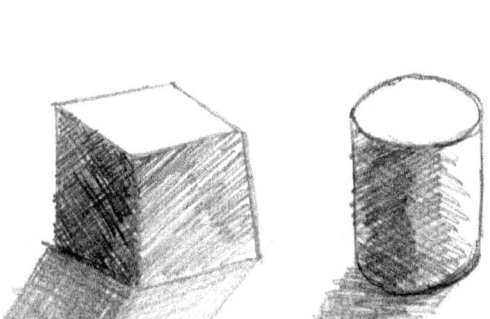

Licht von rechts hinten

Beispiel 2 – Licht von hinten

Das Licht kommt hier von hinten, wodurch die beiden Körper lange Schatten direkt nach vorne werfen.

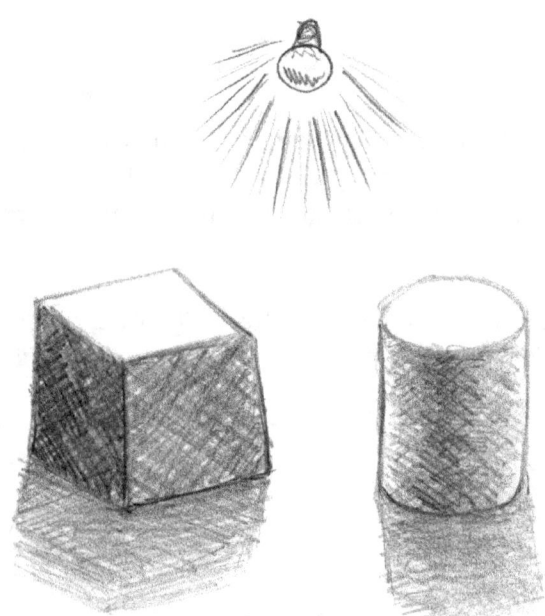

Licht von hinten

Dreidimensionale Körper darstellen

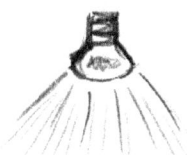

Beispiel 3 – Licht von oben

Wenn das Licht direkt von oben kommt, entsteht bei den beiden dargestellten Körpern strenggenommen gar kein Schatten. In der Zeichnung wurde ein leichter Schatten gezeichnet, da die Lichtquelle zwischen den beiden Objekten steht und diese dadurch leicht seitlich anscheint.

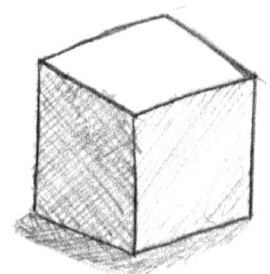 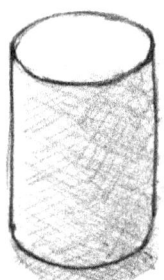

Licht von oben

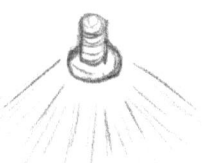

Beispiel 4 – Licht von vorne

Werden die Objekte frontal beleuchtet, werfen sie einen Schatten nach hinten. Dieser Schatten ist, aufgrund der Form der beiden Körper, kaum sichtbar.

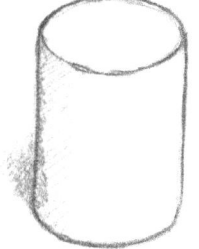 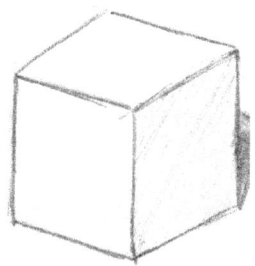

Licht von vorne

Zeichnen Lernen

» Ich wollte Maler werden und bin Picasso geworden. «

- Picasso -

8 Zeichnen lernen

Nachdem Du nun die ersten Übungen abgeschlossen hast, möchte ich noch ein paar – hoffentlich hilfreiche – Worte zum Thema „Zeichnen lernen" verlieren.

Das Zeichnen lernt man am effektivsten mit einer Kombination aus Theorie und Übung.

Wenn man nur zeichnet ohne wichtiges Grundwissen zu haben, kann das die eigenen Fortschritte verlangsamen oder man gerät vollständig auf den Holzweg. Nur Theorie ohne Übung bringt selbstverständlich auch nicht viel.
Um Zeichnen zu lernen bedarf es idealer Weise einer Kombination aus Theorie und Übung. Nicht umsonst haben die Alten Meister ihre Motive geradezu studiert und eigene Proportionsregeln aufgestellt. Heute ist dieses theoretische Wissen vorhanden und zum Beispiel über Bücher (wie diesem) sehr leicht zugänglich. Du musst Dir also nicht die Mühe machen erst eigene Untersuchungen zur Konstruktion von Schatten durchzuführen, oder eigene Methoden für das Abzeichnen zu entwickeln.

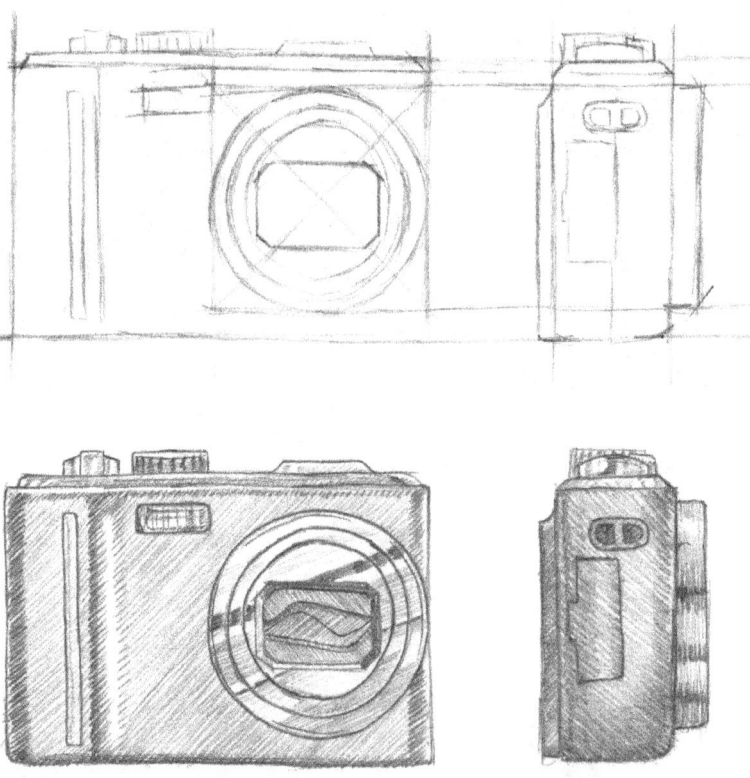

Skizze und schattierte Zeichnung eines Fotoapparates

8.1 Zeichnen

Wichtig beim Zeichnen ist, dass man die Proportionen des Motivs erkennen und in der Zeichnung korrekt darstellen kann. Hierzu braucht man wahrscheinlich ein wenig Talent. Aber auch Übung, Erfahrung und das Grundwissen spielen hier eine große Rolle.
Das Zeichnen der Schatten mit Hilfe von Schraffur, schummern, verwischen oder lavieren ist dann in erster Linie Technik. Das Bedeutet es kommt hier größtenteils auf die Übung und Erfahrung an.

Wenn es um die Gestaltung der Zeichnung geht, ist Kreativität und die künstlerische Persönlichkeit gefragt. Die Gestaltung betrifft zum Beispiel die Motivwahl, die Bildkomposition, die Wahl der zeichnerischen Mittel und die Art und Weise der Darstellung.

Zeichnen bedeutet also:

- Formen und Proportionen erkennen und umsetzen
- Tonwerte erkennen und umsetzen
- Zeichentechnik anwenden
- Gestaltung und Kreativität

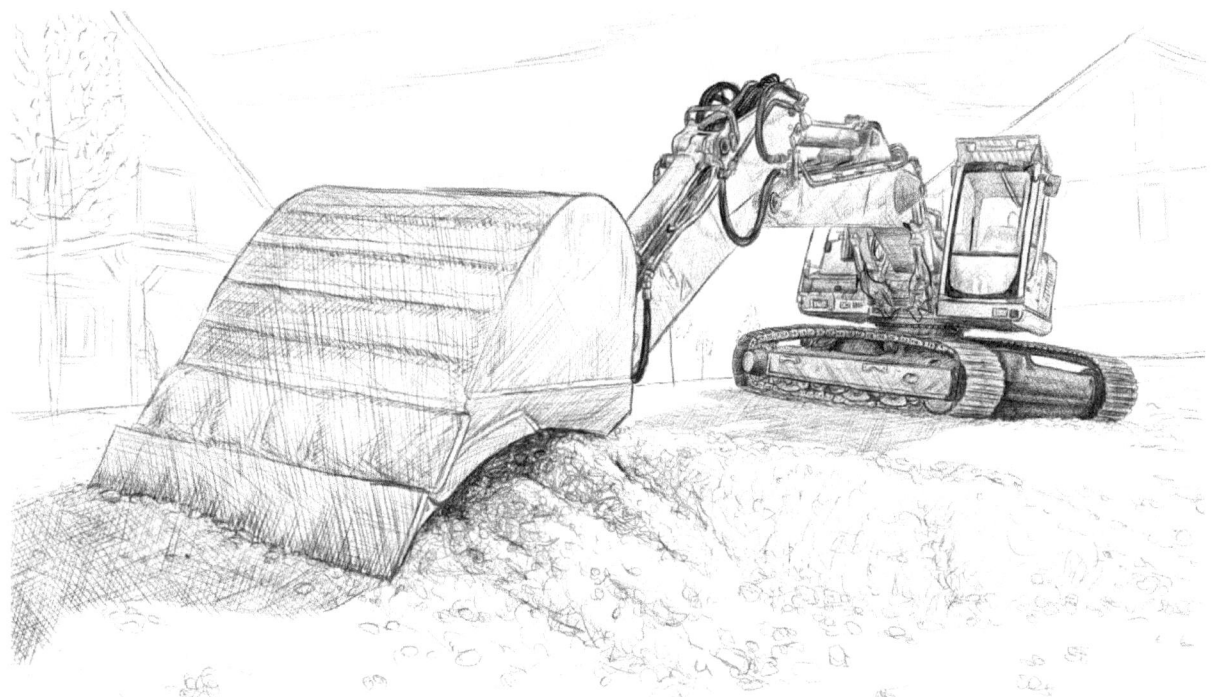

Zeichnung eines Baggers in dynamischer Perspektive mit Schattierung in Kreuzschraffur

8.2 Das Vorgehen beim Zeichnen

Wie geht man am besten an eine Zeichnung heran? Der schwierigste Teil ist der Moment, in dem man vor dem leeren, weißen Blatt Papier sitzt. Es ist viel schwieriger den ersten Strich zu setzen als man vielleicht meint. Doch nur Mut!

Eine eigene Bildkomposition zu entwerfen, ist für einen Anfänger wohl nicht sinnvoll. Am besten versucht man zunächst ganz einfache Motive zu zeichnen. Dies können Gegenstände sein, die in der näheren Umgebung zu finden sind, wie ein Wasserglas, eine Tasse, ein Buch, das Blatt eines Baumes und ähnlich einfache Motive. Man legt das Objekt einfach vor sich auf den Tisch und zeichnet es ab.

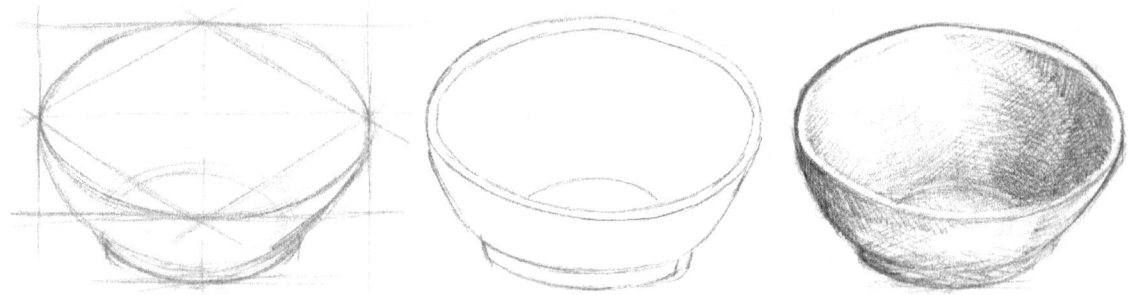

Schrittweise Entstehung einer Zeichnung

Wie im Bild oben beispielhaft gezeigt wird, geht man in der Regel so vor, dass man zunächst eine grobe Skizze aufbaut, dann eine Vorzeichnung mit den Konturen zeichnet und im letzten Schritt die Schatten darstellt.

Zeichnen von komplexeren Motiven

Bei komplexeren Motiven stellt sich das reine Freihandzeichnen als relativ schwierig heraus. Hier ist es ratsam ein paar Tricks anzuwenden.

Für Motive, die sehr häufig gezeichnet werden, existieren bereits gewisse Proportionsregeln, anhand derer man sich orientieren kann. Vor allem für das Zeichnen von Menschen gibt es viele Gesetzmäßigkeiten, die von Künstler bereits vor Jahrhunderten entwickelt wurden. Bei Motiven die seltener gezeichnet werden, gibt es solche Zeichenhilfen nicht. Man muss sie sich hier erst selbst erstellen.

Im Folgenden werden drei Methoden beschrieben, mit denen man komplexere Zeichnungen erstellen kann. Die erste Methode (Zerlegung in geometrische Körper) werden wir außerdem bei den folgenden Übungen häufig anwenden.

Zeichnen Lernen

A) Zerlegung in einfache geometrische Körper

Man kann viele Objekte in einfache geometrische Körper zerlegen. Einige dieser Körper haben wir bereits in den Übungen kennengelernt. Bei Darstellungen architektonischer Objekte ist dieses Vorgehen sehr naheliegend, da diese Formen in Gebäuden sehr leicht zu finden sind. Viele Zeichner gehen jedoch auch bei natürlichen Objekten auf diese Weise vor - zum Beispiel beim Zeichnen von Menschen und Tieren.

Man erstellt dabei erst eine einfache Skizze des Motivs mit Hilfe von Vierecken, Dreiecken, Quadern, Kreisen, Ellipsen, Kugeln usw. Steht dieses grobe Modell, kann man Übergänge zeichnen und weiter detaillieren. Die Technik funktioniert mit zweidimensionalen Körpern (Viereck, Kreis, Dreieck), als auch mit dreidimensionalen Körpern (Quader, Kugel, Pyramide usw.).

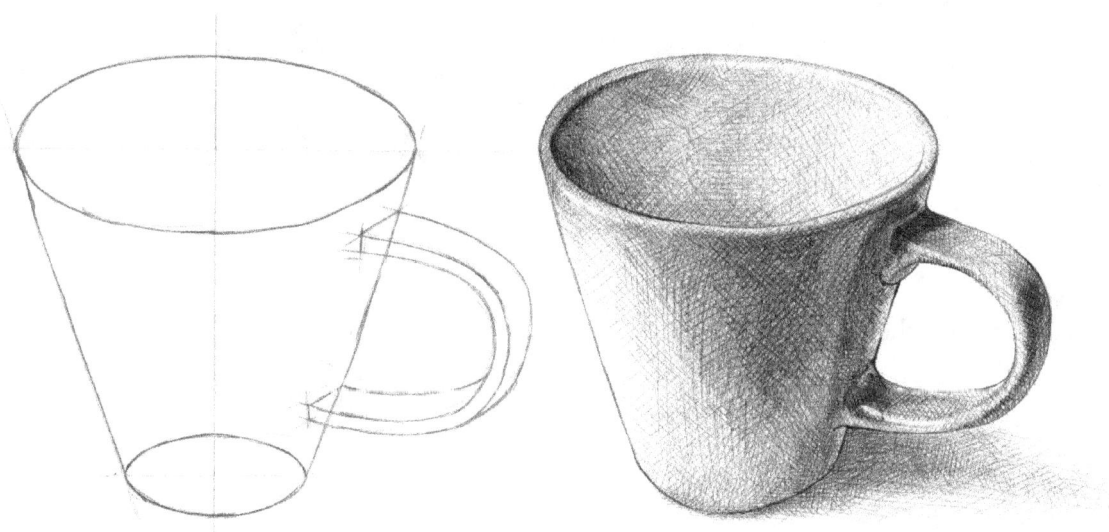

Zeichnerische Konstruktion einer Tasse und anschließende Schattierung

B) Rastermethode

Eine andere Technik ist die sogenannte Rastermethode, die vor allem beim Abzeichnen von Fotos verwendet wird. Man zeichnet hier ein Raster (schachbrettartig) auf das Foto, sowie auf das Papier. Das Raster auf dem Papier darf dabei kleiner oder auch größer sein, als das auf dem Foto. Allerdings muss das Höhen-Breiten-Verhältnis der Kästchen gleich sein, da man das Bild sonst verzerrt zeichnet. Die Anzahl der Kästchen in Höhe und Breite muss ebenfalls gleich sein. Die Rasterlinien dienen nun zur Orientierung. Dabei ist es Geschmacksache wie eng man das Raster zeichnet – man sollte es jedoch nicht übertrieben eng zeichnen.

In den folgenden Bildern wird gezeigt, wie man die Rastermethode umsetzt:

1. Rasterung der Fotovorlage.

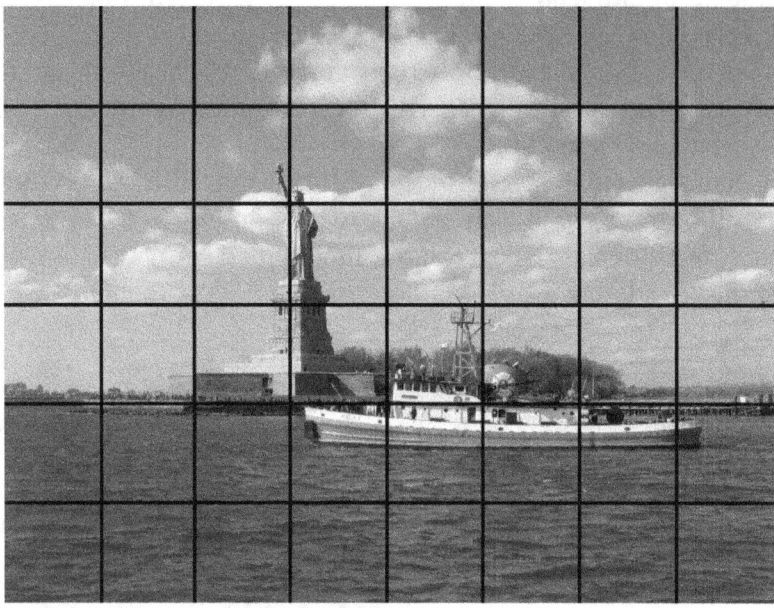

Raster auf der Vorlage

2. Rasterung des Zeichengrundes und abzeichnen mit Hilfe des Rasters.

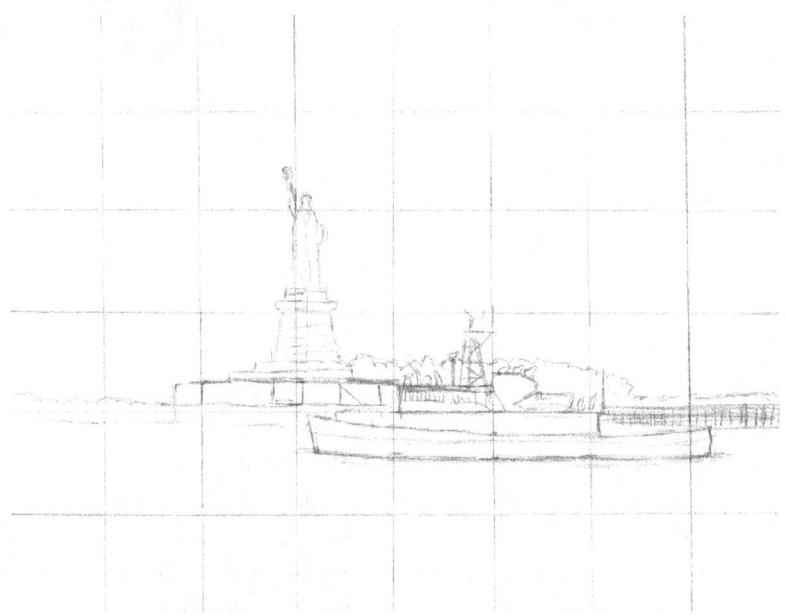

Zeichnung mit Raster auf dem Papier

In einer der folgenden Übungen werden wir uns dieses Bild und das Abzeichnen mit der Rastermethode nochmals genauer ansehen.

C) Freie Orientierungslinien

Man kann auch Orientierungslinien ohne festes Raster zeichnen. Dazu zeichnet man die Linien an besonderen Stellen – horizontal und senkrecht - und orientiert sich dann beim weiteren Zeichen an diesen Linien. Man kann so besser erkennen, wo verschiedene Elemente des Motivs auf dem Blatt eingezeichnet werden müssen und wie die Objekte zueinander angeordnet sind.
Die Linien erzeugen hier nicht unbedingt ein gleichmäßiges Raster. Vielmehr orientieren sie sich an den wichtigsten Elementen des Motivs.

Eine ganz einfache Orientierungslinie, die man beim Abzeichnen von realen Motiven (also ohne Foto) einsetzen kann, ist der Bleistift. Man kann ihn sich selbst vor ein Auge halten und das andere Auge zukneifen, während man auf das Zeichenobjekt blickt. Damit hat man eine Hilfslinie und einen Maßstab in der Hand, mit dessen Hilfe man sich gut orientieren kann.

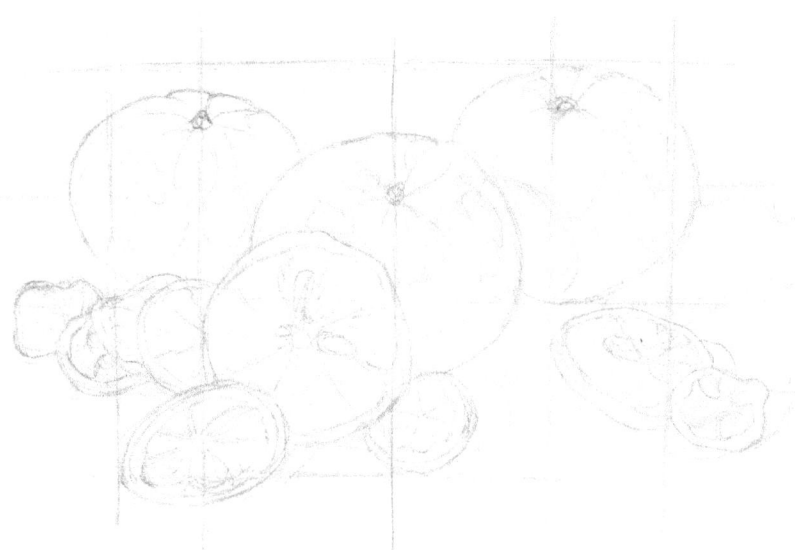

Vorzeichnung eines Stilllebens mit Hilfe von feien Orientierungslinien

In einer der folgenden Übungen werden wir uns dieses Bild und das Abzeichnen mit freien Orientierungslinien nochmals genauer ansehen.

Übungen – Objekte realistisch zeichnen

*» Der Künstler ist nichts ohne die Begabung, aber die
Begabung ist nichts ohne Arbeit. «*

- Émile Zola -

9 Übungen – Objekte realistisch zeichnen

In diesem Übungsteil werden wir echte Objekte zeichnen bzw. davon abzeichnen. Dabei wirst Du auf das Wissen der vorhergehenden Kapitel zurückgreifen können. Wir kommen also wieder von der Theorie in die Praxis.

9.1 Klapptisch

Beginnen wir mit einem Motiv, das aus einfachen geometrischen Körpern aufgebaut ist: Einem Klapptisch.

Lernziele:

- Zeichnen von einfachen Motiven
- Abzeichnen mit Hilfe der Zerlegung in einfache geometrische Körper
- Schattieren von realen Körpern

Erforderliches Material:

- Ein Blatt Zeichenpapier DIN A4
- Ein Bleistift (z.B. Härte 2B)
- Anspitzer
- Radierer

Man startet die Zeichnung mit der Überlegung, wie und in welche Grundkörper man den Klapptisch zerlegen kann. Es ist schnell ersichtlich, dass der Tisch aus mehreren Quadern zusammengesetzt ist. Was ihn ein bisschen komplizierter macht ist, dass seine Beine schräg verlaufen. Die Tischplatte ist von einer Begrenzung umrandet.

Nun kann man die Grundkörper, aus denen sich das Motiv zusammensetzt, grob skizzieren. Das Ergebnis siehst Du im folgenden Bild auf der linken Seite. Auf Basis dieser Skizze verfeinert man die Zeichnung, indem man weitere Details hinzufügt, wie im rechten Bild zu sehen ist.

Übungen – Objekte realistisch zeichnen

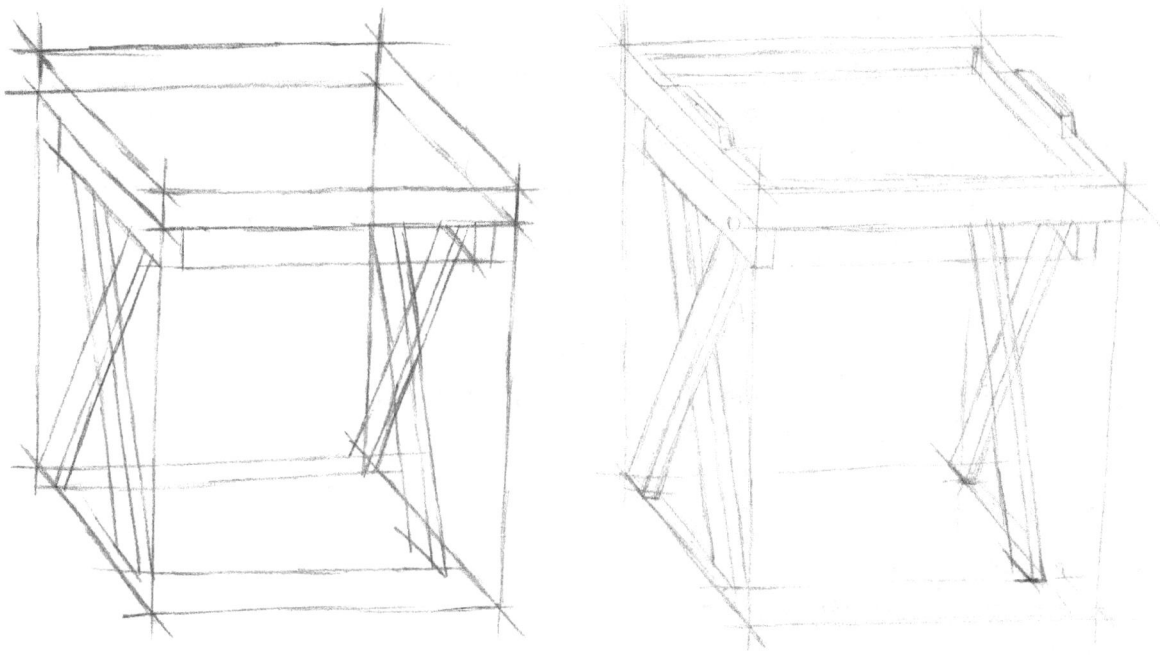

Skizzierung der Grundköper und Detailierung der Vorzeichnung

Steht die Vorzeichnung, kann man das Motiv schattieren. Die Lichtquelle befindet sich in diesem Beispiel rechts vom Objekt, womit die Schatten auf die linke Seite fallen.

Im Bild rechts kannst Du das fertige Ergebnis bewundern. Wenn Du es selbst probierst, achte genau auf die Tonwerte. Wo ist Licht und wo ist Schatten? Und wie kräftig sind die Schatten?

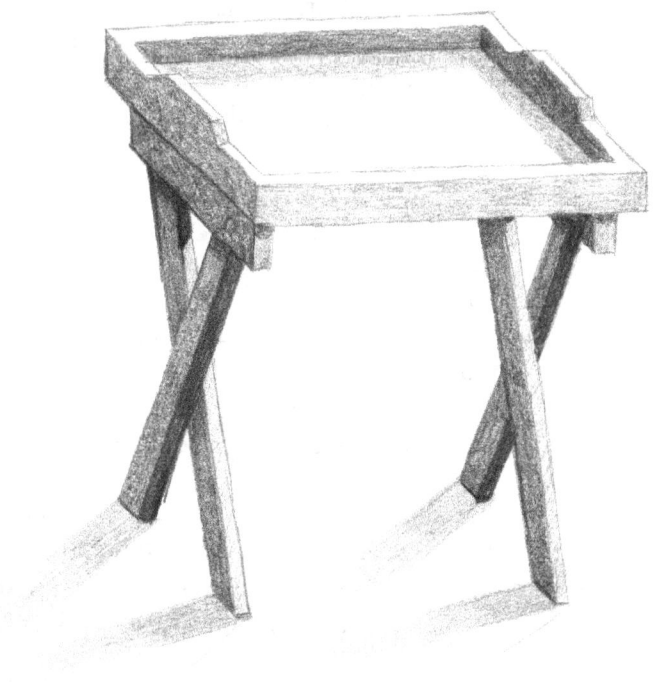

9.2 Eine Tasse zeichnen

Wir steigern den Schwierigkeitsgrad, mit einem ganz typischen Beispiel für Zeichenübungen. Ich hoffe, dass die Steigerung des Schwierigkeitsgrads mit dieser Übung nicht bereits zu schnell vorangeht, aber eigentlich sollte das notwendige Rüstzeug inzwischen vorhanden sein.
Das Motiv muss auch nicht gleich so schön aussehen wie es in den Bildern dieses Beispiels dargestellt ist. Probiere es einfach. Mit mehr Übung wirst Du automatisch immer besser.

Lernziele:

- Abzeichnen von realen Objekten
- Abzeichnen mit Hilfe der Zerlegung in einfache geometrische Körper
- Schattieren von realen (komplexeren) Körpern

Erforderliches Material:

- Ein Blatt Zeichenpapier DIN A4
- Ein Bleistift (z.B. Härte 2B)
- Anspitzer
- Radierer

Wir wollen nun einen realen Gegenstand abzeichnen – eine Tasse. Die Tasse kennst Du vielleicht noch aus einem vorhergehenden Kapitel des Buchs. Dabei ging es um das richtige Sehen, Erkennen und Verstehen. So wie es dort bereits beschrieben wurde, ist es beim Abzeichnen von realen Objekten sehr wichtig genau hinzusehen. Man muss dabei auch manchmal den Verstand ausschalten. Stell Deine eigenen Erwartungen und Erfahrungen in Frage und sieh Dir das Motiv ganz genau an.

Genaue Betrachtung des Zeichenobjektes

Die Tasse ist in diesem Beispiel nicht ganz zylinderförmig, sondern leicht konisch. Das macht die Zeichnung etwas schwieriger aber auch interessanter. Im Prinzip muss man - nachdem man die Vorzeichnung hinbekommen hat - nur beachten, dass der Schatten an der Mantelfläche sich hierdurch etwas verjüngt. Am besten orientiert man sich aber einfach an der Fotovorlage, die ich hier miteingefügt habe (oder verwendet eine eigene Tasse zum Abzeichnen).

Wenn man die Tasse ganz genau betrachtet, erkennt man auch, dass sich der Henkel im oberen Bereich der Tasse leicht spiegelt. Er wirft außerdem einen Schatten auf die Tasse. Wenn Du sehr genau zeichnen willst, – was man nicht zwangsweise machen muss – solltest Du auch die Lichtreflexionen an den Kanten von Tasse und Henkel berücksichtigen.

Was außerdem auffällt ist, dass der Schatten, den die Tasse auf den Boden wirft, sehr diffus ist. Er hat keine klaren Kanten und erzeugt dadurch einen sehr weichen Hell-Dunkel-Verlauf am

Boden. Die Aufnahme wurde an einem Wintermorgen (ca. 9 Uhr) gemacht – Lichtquelle war die Sonne. Das Licht war nicht besonders stark, wodurch sich die sanften Schatten erklären lassen. In folgenden Übungen werden wir Lichtsituationen vorfinden, die ganz gegensätzlich sind.

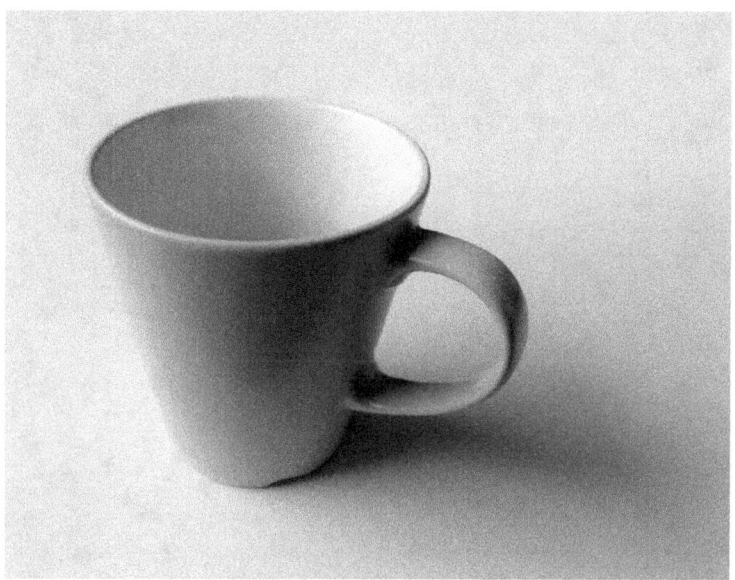

Fotovorlage der Tasse

Die Tasse zeichnen

Eine Zeichnung beginnt man in der Regel mit einer Vorzeichnung bzw. einer Skizze des Zeichenobjekts. In dieser Vorzeichnung zeichnet man in erster Linie die Umrisse und Kanten des Motivs. Man kann darin auch einige charakteristische Schatten und Lichter einzeichnen.

Um die Vorzeichnung gut hinzubekommen eignet sich in diesem Falle die Methode der „Zerlegung in einfache geometrische Körper". Wie man diese Methode Schritt für Schritt umsetzt zeigen die folgenden Bilder.
Bei vielen anderen Motiven kann man außerdem auf die gleiche oder zumindest ähnliche Weise vorgehen.

Man sollte also versuchen im Zeichenobjekt einfache geometrische Körper zu entdecken, aus denen sich das Objekt zusammensetzt. Diese Körper zeichnet man dann mit Unterstützung einiger Hilfslinien. Am Ende verbindet man die Körper dann mit passenden Übergangslinien miteinander, um so den gesamten Gegenstand zu formen. Und so geht's:

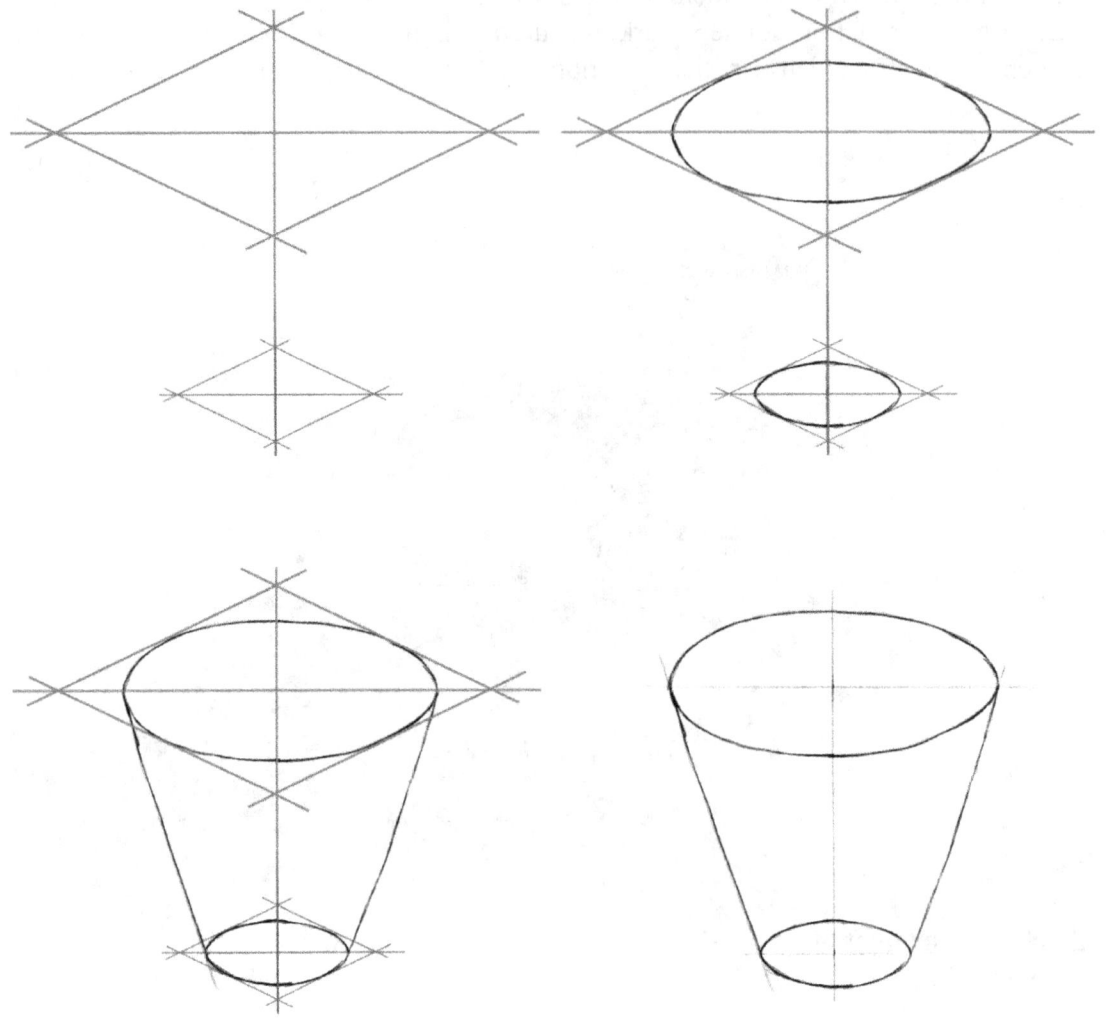

Konstruktion des Tassenkörpers

Der Grundkörper ist fertig, nun kann man den Henkel konstruieren. Der Henkel ist im Grunde ein Halbbogen – so ähnlich wie ein Torbogen, nur um 90° gedreht.

Übungen – Objekte realistisch zeichnen

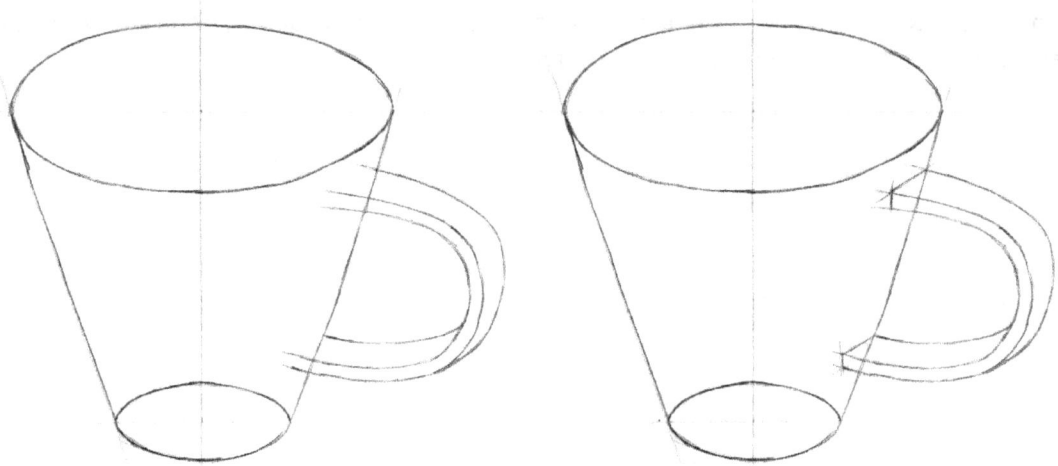

Konstruktion des Henkels

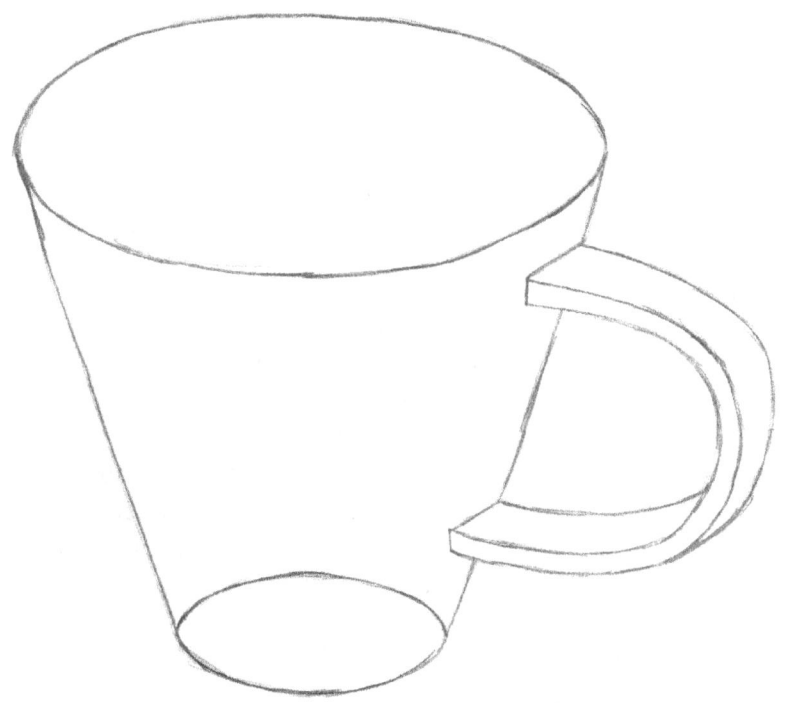

Fertige Konstruktion der Tasse

Nun zeichnet man die Übergänge zwischen Tasse und Henkel. In diesem Schritt habe ich auch die Kante der Tasse besser herausgearbeitet und bereits einige Schattenlinien eingezeichnet. Die fertige Vorzeichnung sieht dann zum Beispiel so aus:

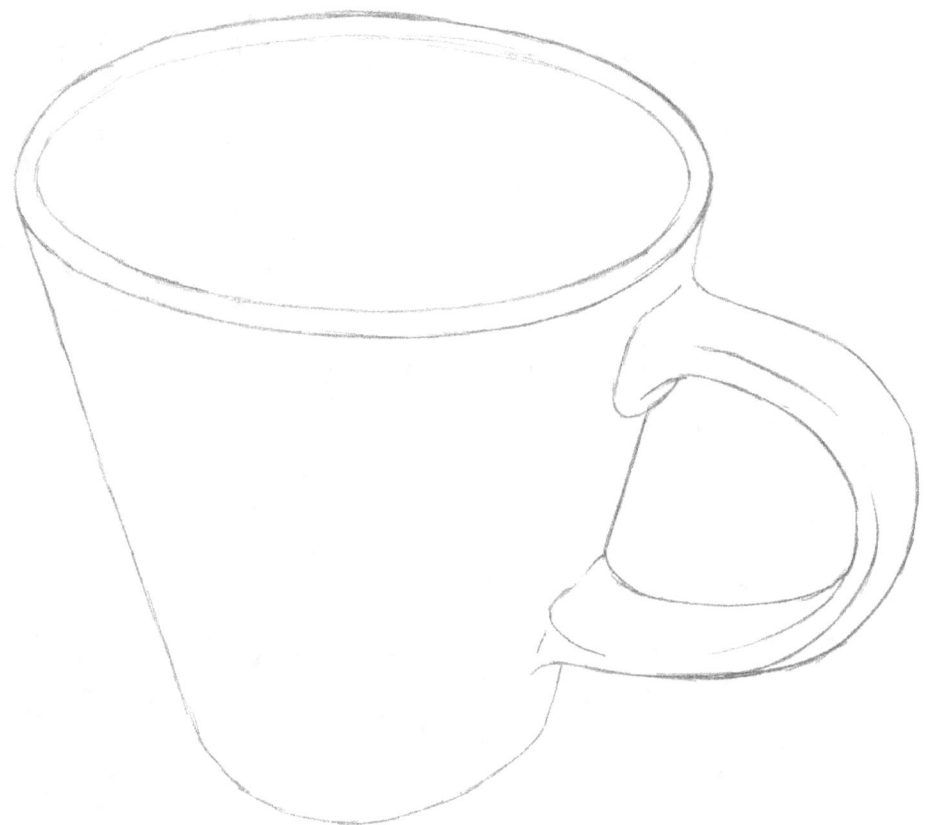

Vorzeichnung der Tasse

Die Vorzeichnung steht, nun kann man die Schatten zeichnen. Ich habe dafür einen 2B-Bleistift verwendet. Die Schraffur ist relativ wild. Ich habe größtenteils mit der Kreuzschraffur gearbeitet, indem ich immer wieder Schraffuren in unterschiedlichem Winkel übereinander gezeichnet habe, bis ich den erwünschten Tonwert erreicht hatte.

Die folgenden Bilder zeigen einige Zwischenschritte auf dem Weg zur fertigen Zeichnung. Sei nicht enttäuscht, wenn es nicht gleich beim ersten Versuch so aussieht, wie Du es erwartet hast. Übung macht ja bekannter Weise den Meister.
Wie schon erwähnt, kannst und solltest Du Dich immer wieder an der Fotovorlage orientieren. Als Alternative kannst Du natürlich auch eine echte Tasse nehmen und vom echten Objekt abzeichnen.

Übungen – Objekte realistisch zeichnen

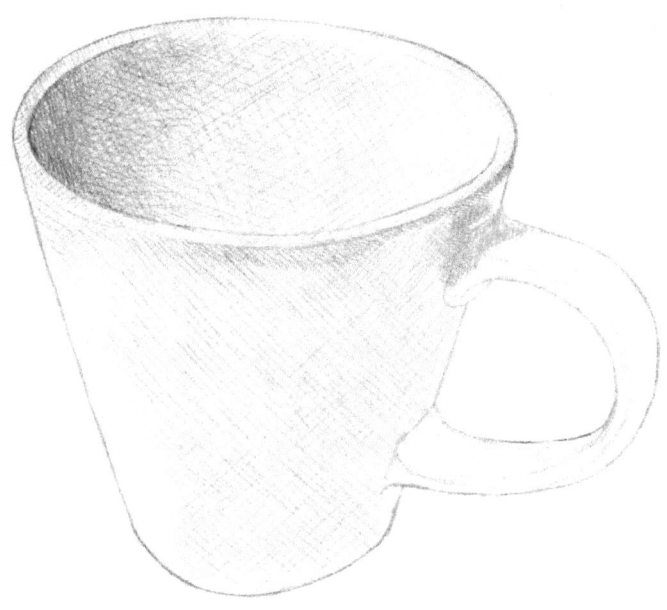

Erste Schraffuren auf der Vorzeichnung

Nach und nach legt man nun eine Schraffur nach der anderen auf das Papier. Fange vorsichtig mit hellen Tonwerten an. Wenn Du feststellst, dass ein Bereich noch dunkler werden muss, kannst Du ohne Probleme jederzeit eine weitere Schraffur darüber zeichnen.

Das nachträgliche Aufhellen ist hingegen schwieriger. Mit einem normalen Radiergummi läuft man Gefahr, dass man einen Teil der Zeichnung ungewollt verwischt. Ein harter Radiergummi kann das Papier beschädigen. Vorsichtiges Aufhellen funktioniert am besten mit einem Knetradiergummi.

Im folgenden Bild siehst Du die fertige Schattierung des Hauptkörpers der Tasse. Wie genau man die Schraffur der Schatten zeichnet ist Geschmackssache. Manche zeichnen hier eher grob, andere extrem fein.

Sehr fein gezeichnete Schatten erzeugen einen höheren Realitätsgrad, bis hin zum Fotorealismus. Gröbere Schraffuren zeigen deutlich, dass es sich um eine Zeichnung handelt. Ein häufig erwünschter Effekt, der eine Zeichnung oft sehr interessant macht. Dabei kommt auch die Handschrift des Zeichners deutlicher zum Vorschein, als bei einer fotorealistischen Zeichnung.

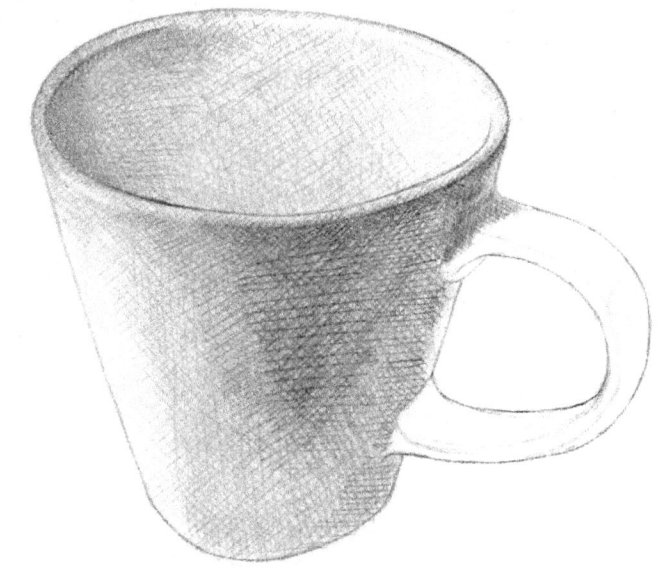

Verdunklung durch weitere Schraffuren

Jetzt kommt der Henkel dran. Der Schattenwurf ist hier etwas komplizierter.

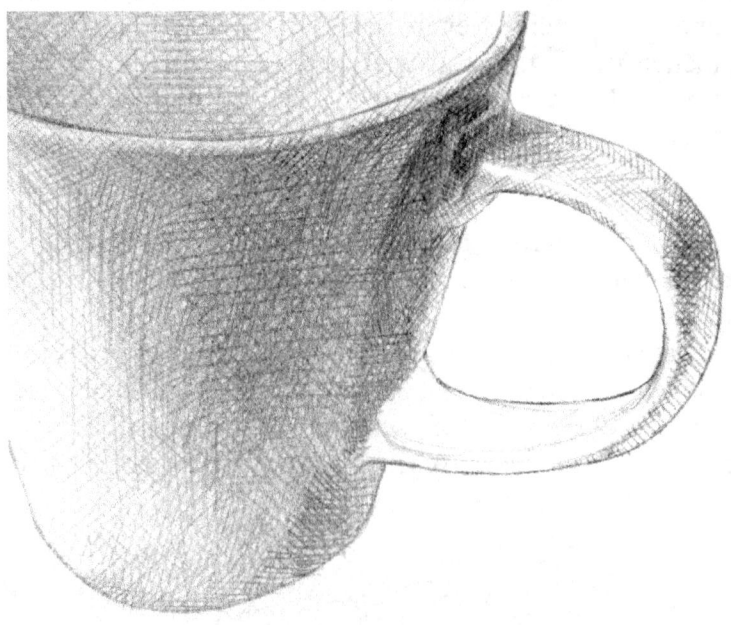

Erste Schraffuren am Henkel der Tasse

Das nächste Bild zeigt die fertige Zeichnung der Tasse. Es fehlen noch die Schatten am Boden.

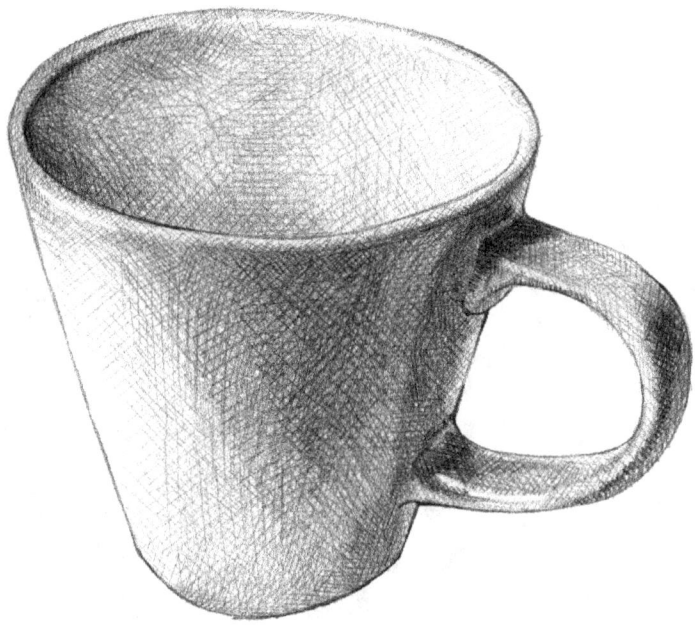

Fertig schattierte Tasse

Ist die Tasse fertig schattiert muss noch der Schatten gezeichnet werden, den die Tasse auf den Untergrund wirft. Die Schatten, welche ein Objekt auf den Boden wirft, sollte man auf keinen Fall vergessen. Ansonsten wirkt es so, als würde das Objekt schweben. Der Schatten der Tasse hat keine klaren Konturen, vielmehr verläuft er relativ sanft nach außen hin. Dies ist auch in der Fotovorlage zu erkennen.

Hinweis: Bei einer kräftigeren Lichtquelle, kann der Schatten jedoch auch wesentlich deutlichere Konturen bekommen.

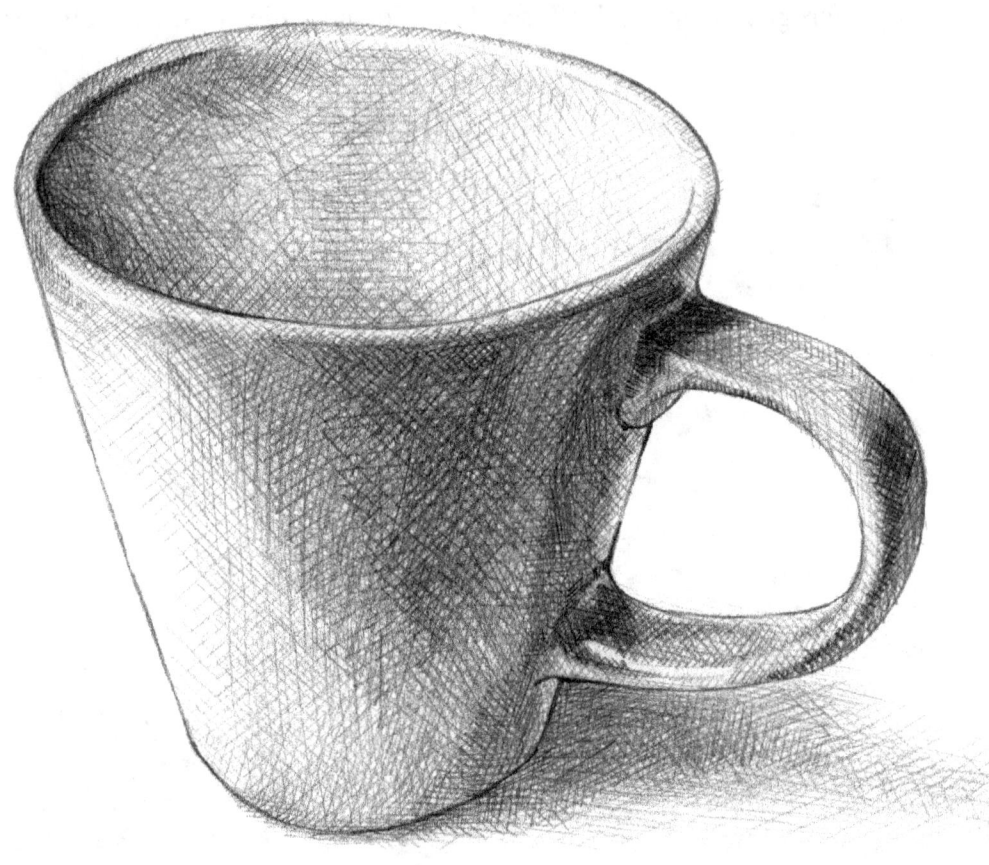

Die fertige Zeichnung der Tasse

9.3 Eine Teekanne zeichnen

Die Teekanne, die wir in dieser Übung zeichnen, stellt eine weitere kleine Steigerung im Schwierigkeitsgrad dar. Zudem soll dabei ein kleiner Trick gezeigt werden, bei dem man Proportionen mit Hilfe einiger Orientierungslinien übertragen kann.

Lernziele:

- Zeichnen von etwas komplexeren Motiven
- Abzeichnen mit Hilfe von Orientierungslinien
- Schattieren von runden Körpern

Erforderliches Material:

- Ein Blatt Zeichenpapier DIN A4
- Ein Bleistift (z.B. Härte 2B)
- Anspitzer
- Radierer

Das folgende Bild zeigt eine Fotovorlage für das Motiv, wobei in der Übung die Verzierung und die chinesischen Schriftzeichen an der Seite der Teekanne nicht berücksichtigt wurden.

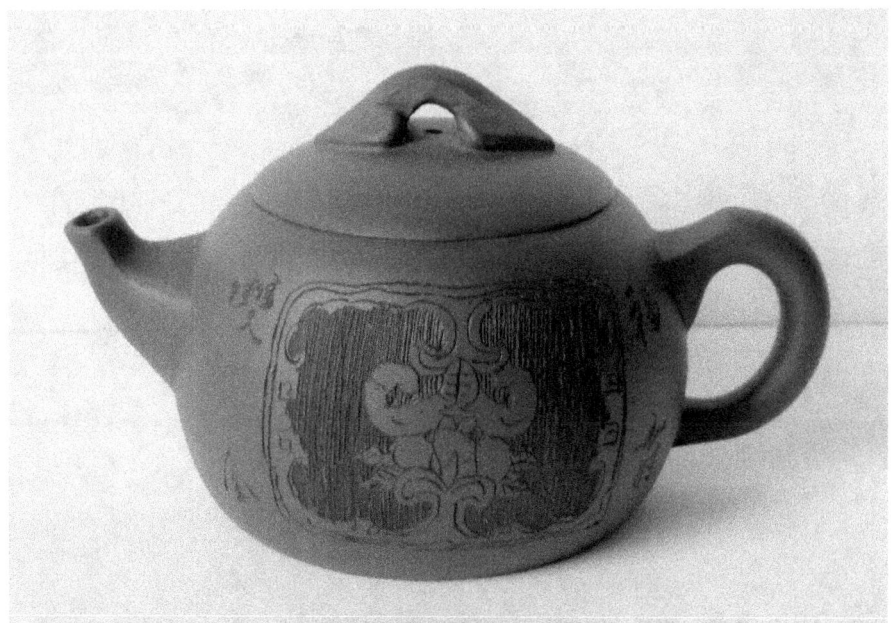

Fotovorlage für diese Übung

Wir skizzieren nun die Teekanne in der Seitenansicht, wie im nebenstehenden Bild zu sehen.

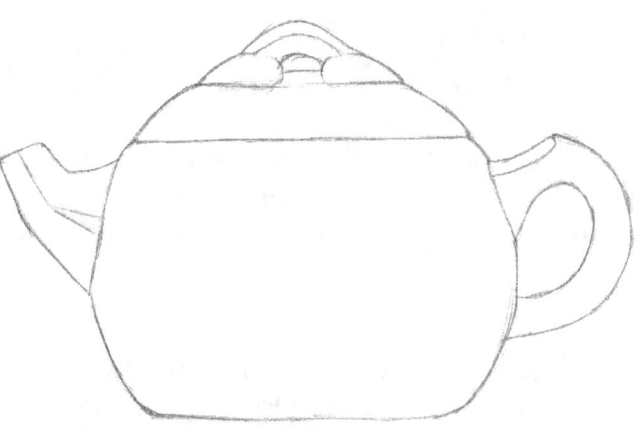

Mit dieser ersten Skizze kann man die Frontalansicht der Teekanne durch ein paar einfache Tricks konstruieren. Als erstes muss man hierfür horizontale Orientierungslinien einzeichnen, welche die wichtigsten Proportionen in der Höhe übertragen. Definiert man eine Spiegellinie, kann man mit Hilfe eines Zirkels auch die Proportionen in der Bereite darstellen. Die Übertragung durch den Zirkel ist im folgenden Bild durch Strichlinien veranschaulicht.

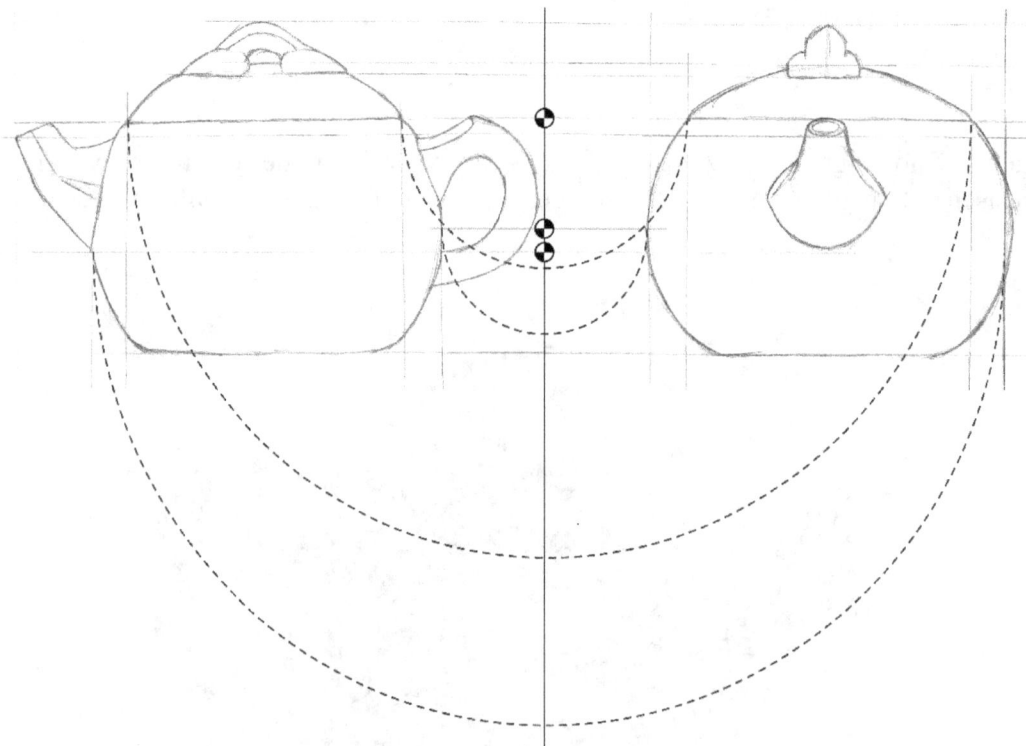

Übertragung der Proportionen in die Frontalansicht

Entfernt man die Hilfslinien mit einem Radiergummi, sieht die Teekanne von vorne wie im folgenden Bild aus.

Übungen – Objekte realistisch zeichnen

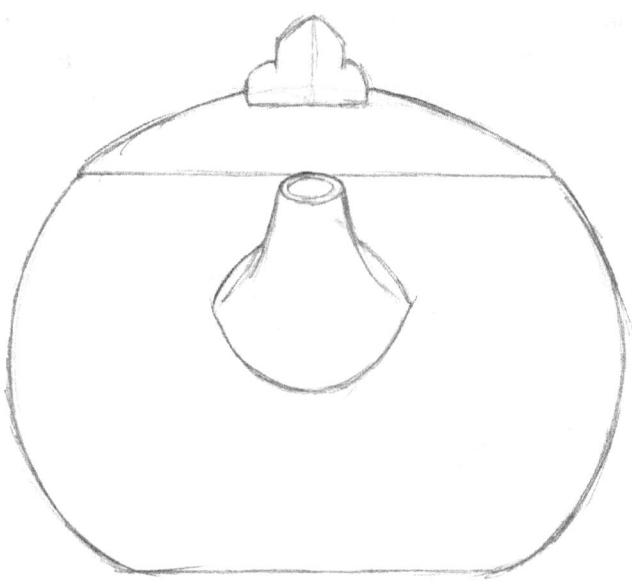

Skizze der Teekanne von vorne

Nachdem man sich nun mit der Form der Teekanne vertraut gemacht hat, bietet es sich nun an das Motiv in einer interessanteren Perspektive zu zeichnen. Man beginnt die Übung mit der Skizzierung der Konturen.

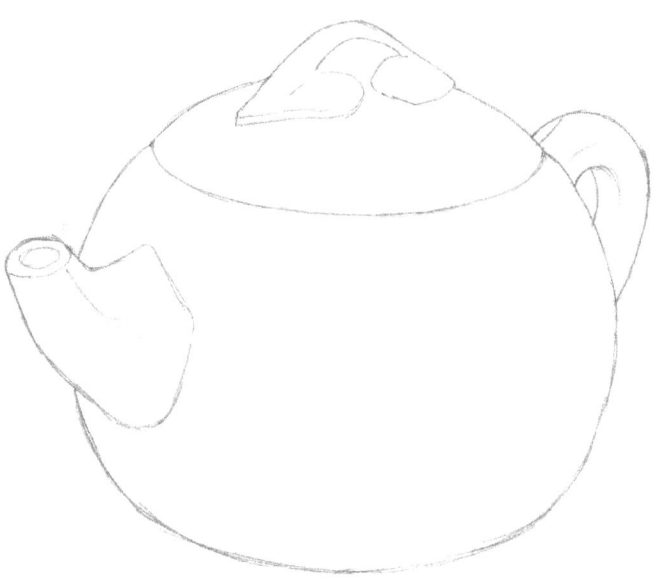

Teekanne in einer interessanteren Perspektive

Im nächsten Schritt beginnt man mit der Schattierung. Man schraffiert die helleren Schatten und kann bereits die tieferen Schatten andeuten, indem man die Strichdichte etwas erhöht. Als Schraffurart wurde in diesem Beispiel die Variante mit Schraffurgrüppchen mit unterschiedlichen Orientierungen gewählt.

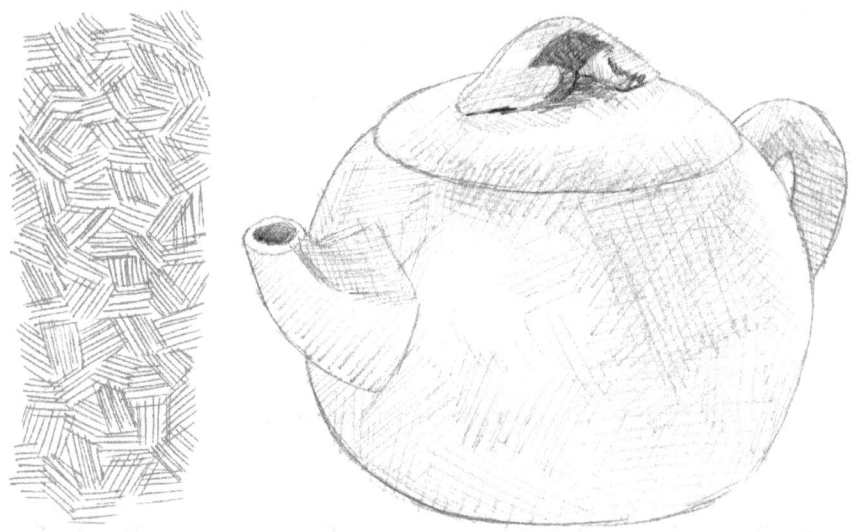

Gewählter Schraffurstil (links) und die Teekanne nach dem ersten Schritt (rechts)

Nun intensiviert man die dunkleren Bereiche der Teekanne, indem man weitere Schichten mit Schraffuren zeichnet.

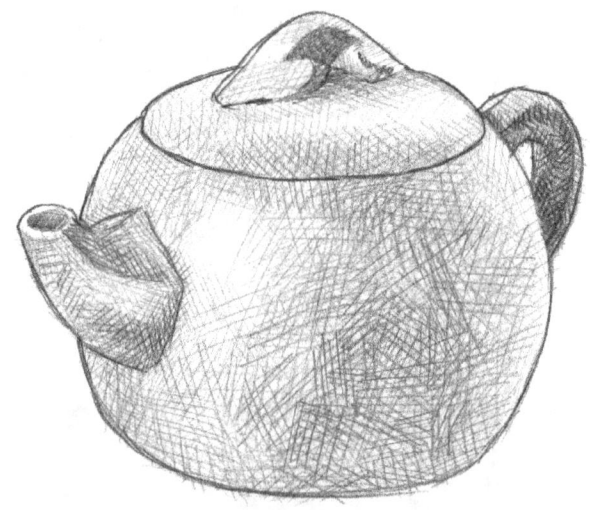

Herausarbeiten der dunkleren Bereiche

Es folgen die letzten und dunkelsten Stellen an dem Motiv.

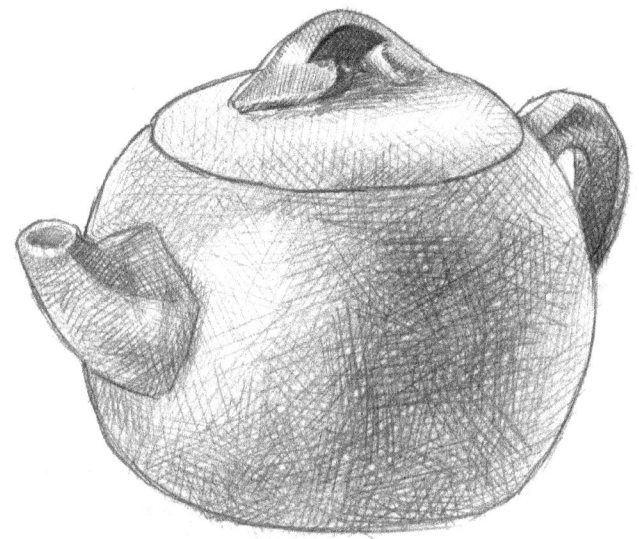

Abschluss der Schattierung

Und schließlich zeichnet man den Schlagschatten, den die Teekanne auf den Untergrund wirft.

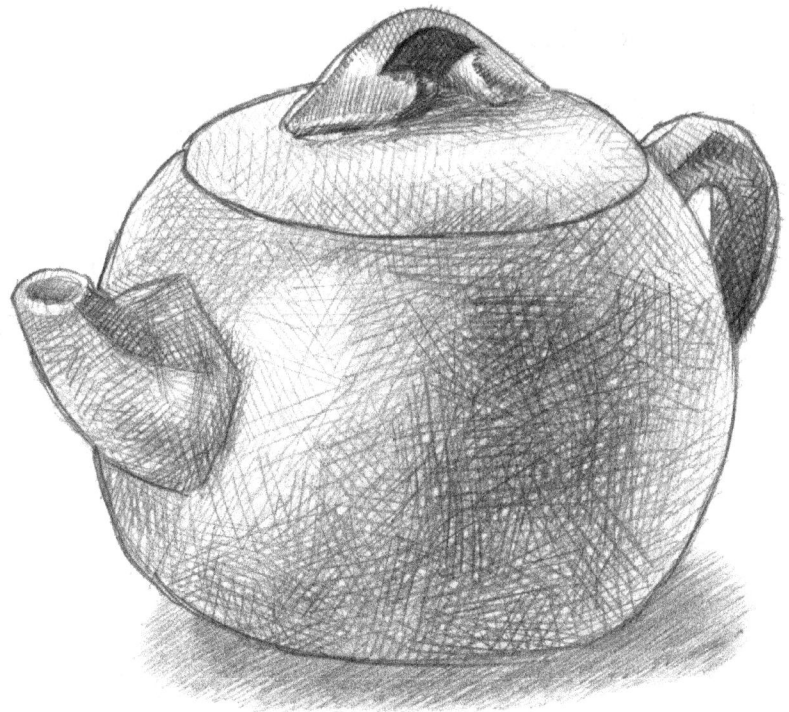

Vollendung der Zeichnung

9.4 Stuhl in Kritzelschraffur

Lernziele:

- Zeichnen mit Kritzelschraffur
- Intuitiveres Zeichnen

Erforderliches Material:

- Ein Blatt Zeichenpapier DIN A4
- Ein weicher Bleistift (z.B. Härte 6B)

Zeichnen mit der Kritzelschraffur

In dieser Übung soll zur Abwechslung die sogenannte Kritzelschraffur angewendet werden. Diese Zeichentechnik haben wir bereits in einem vorhergehenden Kapitel kennengelernt. Da man tatsächlich mit Kritzellinien schraffiert, ist das Arbeiten eher intuitiv, geht relativ schnell und macht einfach Spaß.
Die Ergebnisse lassen sich aber auch sehen. Zeichnungen, die mit einer Kritzelschraffur gestaltet wurden, sehen oft sehr lebendig und dynamisch aus.

Einen Stuhl in Kritzelschraffur zeichnen

Das Motiv dieser Übung soll ein Stuhl sein, auf dem ein kleines Kissen liegt. Das kleine Kissen macht das Bild aus gestalterischer Sicht interessant, wenngleich die Komposition sehr einfach ist.

Das Vorgehen ist in den folgenden beiden Bildern beschrieben. Man beginnt mit einer lockeren Skizze des Motivs. Die Linienführung muss nicht allzu genau sein, da die Zeichnung durch eine intuitive Arbeitsweise nur lebendiger wird. Das gilt für die Vorzeichnung, als auch für die Schattierung.

Übungen – Objekte realistisch zeichnen

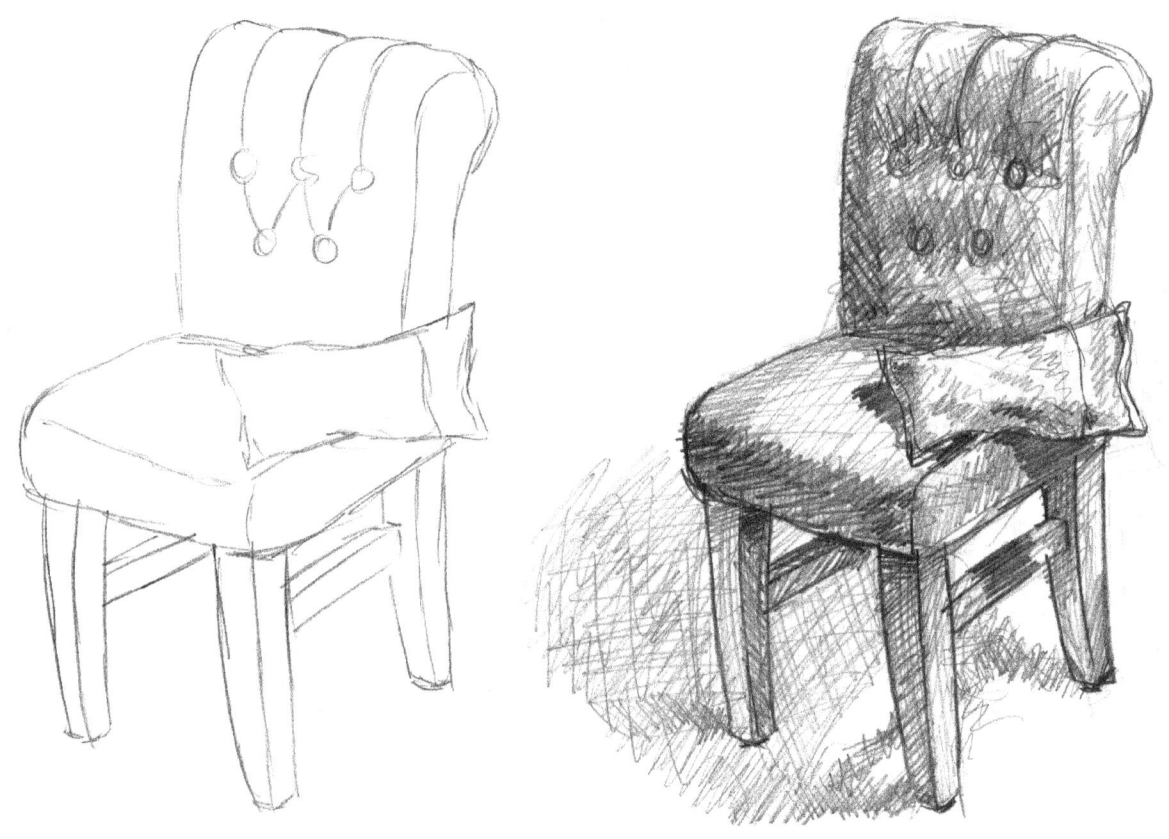

Stuhl mit Kritzelschraffur in zwei Schritten

Probiere es einfach selbst aus. Versuche dabei flott zu arbeiten und habe keine Angst davor etwas falsch zu machen. Du wirst sehen, dass es gar nicht schwierig ist.

9.5 Tube

Lernziele:

- Darstellung von Metall / Metallglanzeffekten

Erforderliches Material:

- Ein Blatt Zeichenpapier DIN A4
- Ein Bleistift (z.B. Härte 2B)
- Anspitzer
- Radiergummi
- Radierstift (nicht unbedingt erforderlich)

Übung

In dieser Übung lernen wir wieder etwas Neues. Es geht zwar wieder um Lichtreflexionen wie bei der Übung mit dem Weinglas, doch dieses Mal entstehen die Reflexionen durch die glatte Oberfläche von Stahl bzw. Metall. Wir lernen also, wie man Metall darstellt und Metalleffekte zeichnet.

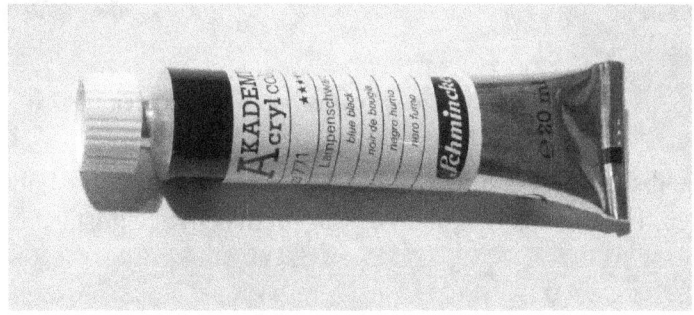

Fotovorlage für die Übung

Bereits bei der Darstellung eines Glases hatten wir den Effekt, dass das Licht sehr stark von der Oberfläche reflektiert werden kann. Dies gilt auch für Metall – zumindest dann, wenn die Oberfläche sehr glatt ist. Da Metall nicht durchsichtig ist, besitzt es zusätzlich einen Spiegeleffekt. Glas spiegelt zwar auch ein wenig, aber der Effekt ist hier so gering, dass er in vielen Fällen nicht beachtet werden muss. Er wird jedoch auch bei Glas stärker, wenn das Glas dunkler ist.
Ist die Oberfläche eines Metalls rau, werden Lichtreflexionen und der Spiegeleffekte deutlich abgeschwächt.

Die Tube zeichnen

Als Bildmotiv verwenden wir eine Tube mit Acrylfarbe. Die Tube ist im vorderen Teil bedruckt, im hinteren Teil liegt das Metall jedoch frei.
In der Fotovorlage kann man die Oberflächeneffekte des Metalls betrachten. Man sieht, dass das Metall größtenteils sehr dunkel ist und an einigen Stellen sehr hell. Metall erzeugt also in der Regel auch sehr starke Hell-Dunkel-Kontraste.

Um die Tube zu zeichnen, kann man sie in einfache geometrische Körper zerlegen, wie wir es auch bei den anderen Motiven gemacht haben. Stark vereinfacht ist die Tube ein Zylinder. Das ist jedoch nicht ganz richtig, da das Ende abgeflacht ist. Wir müssen also einen Übergang von einer runden Form zu einer flachen, geraden Form darstellen.

Wodurch kennzeichnet sich aber dieser Übergang? Betrachten wir hierzu das Zeichenobjekt ganz genau:
Zum Einen fällt auf, dass die Tube durch die Abflachung am Ende breiter wird. Die Form ändert sich also von gleichmäßig rund zu flach und breit. Weiterhin fällt auf, dass an den Seiten der Tube Licht reflektiert wird – vor allem an der unteren Flanke ist das sehr deutlich zu sehen. Die Reflexion erstreckt sich über die ganze Länge der Tube. Vor allem in dem Teil, in dem die Tube nicht bedruckt ist, ist die Lichtreflexion besonders stark.
Zum hinteren Teil hin, dort wo die Tube flacher und breiter wird, verjüngt sich diese Lichtreflexion. Ganz am Ende, wo die Tube durch das Umfalten der Metallhülle verschlossen wurde, ist nur noch eine dünne Lichtkante zu sehen.
Genau dies ist der Effekt, durch den wir den Übergang zwischen runder und flacher Geometrie am deutlichsten darstellen können.

Hier ist die Grundskizze der geometrischen Konstruktion, die sich hauptsächlich aus zwei Zylindern und dem flossenförmigen Hinterteil zusammensetzt.

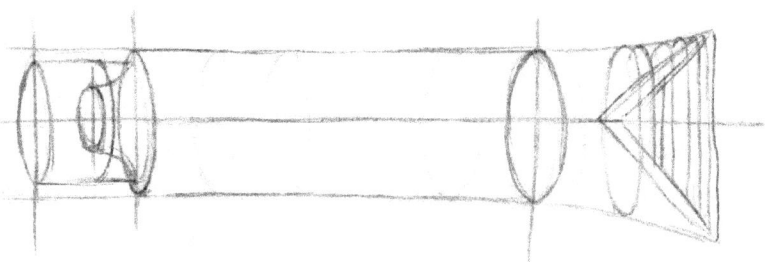

Konstruktionsskizze der Tube

Skizze der Tube nach dem Entfernen der Hilfslinien

Jetzt arbeitet man die Skizze noch etwas schöner heraus und erhält damit die Vorzeichnung.

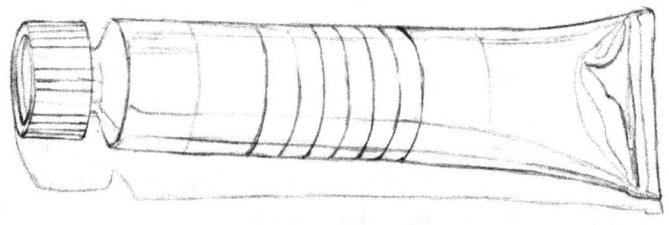

Vorzeichnung der Farbtube

1. Wie immer folgt nun die Schattierung mittels Schraffur, wobei man sich an der Fotovorlage orientieren kann. Im ersten Schritt muss man noch nicht zwischen dem bedruckten und dem blanken Teil der Metalltube unterscheiden. Die Unterschiede im Tonwert werden erst im folgenden Schritt weiter ausgearbeitet.
   Dafür wurde im folgenden Bild bereits der Schatten am Boden gezeichnet. Auch am hinteren, abgeflachten Teil der wurden bereits einige Schatten und Lichter dargestellt.

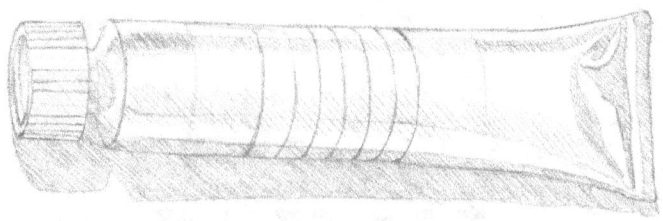

Erster Schritt der Schattierung

Nun wird die Metalloberfläche deutlicher dargestellt, indem man den Großteil des blanken Metalls dunkler schraffiert, während man die Lichtkante an der Seite weiß lässt. Diese Lichtkante ist im bedruckten Teil nicht so hell und wird daher auch an dieser Stelle etwas abgedunkelt. Zudem kann man nun den Schatten am Boden mit einer Kreuzschraffur dunkler gestaltet. Auch das Ende der Tube und der Deckel wird überarbeitet.

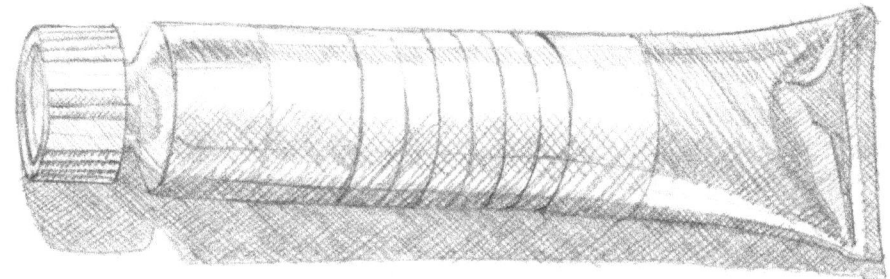

Herausarbeiten der Metalleffekte

Jetzt folgt der letzte Schliff. Die schwarz bedruckten Bereiche werden sehr dunkel schraffiert und hier und da können noch ein paar Korrekturen und Verschönerungen vorgenommen werden. In der Zeichnung wurde auf die Beschriftung gänzlich verzichtet, da dies für diese Übung nicht relevant ist. Wer will, kann die Zeichnung jedoch noch nach Belieben weiter detaillieren.

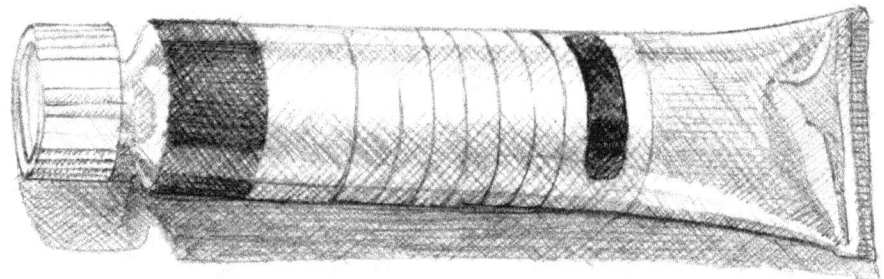

Die fertige Zeichnung der Farbtube

9.6 Cola-Dose

Lernziele:

- Darstellung komplexerer Körper
- Darstellung komplexerer Lichteffekte und Reflexionen
- Darstellung von Schriften und Grafiken auf einem Körper

Erforderliches Material:

- Ein Blatt Zeichenpapier DIN A4
- Zwei Bleistifte mit unterschiedlichen Härten (z.B. 2H und 2B)
- Anspitzer
- Radiergummi
- idealer Weise auch Radierstift & Knetradiergummi

Übung

Wir stellen uns wieder einer größeren Herausforderung! In dieser Übung versuchen wir eine Cola-Dose abzuzeichnen. Um das Motiv interessanter (und nebenbei auch schwieriger) zu machen, drücken wir die Dose seitlich ein.
Im folgenden Bild ist die Fotovorlage zu sehen, die für die Zeichnung verwendet werden kann.

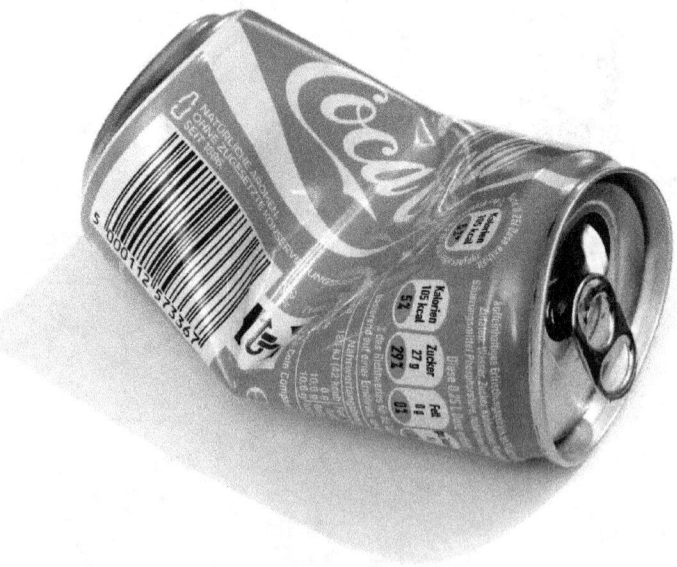

Fotovorlage – Cola-Dose

Die Dose ist ein relativ interessantes Zeichenobjekt, denn in ihr findet man viele Lichtreflexionen, die eine gewisse Herausforderung darstellen. Mich persönlich reizen solche Motive immer sehr. Außerdem enthält die Dose auch Schriften und Grafiken, die der Form der Dose folgen.

Vor allem durch die Knickstelle hat man eine zusätzliche Schwierigkeit, da sich alle Schriften, Zeichen, Linien und Grafiken, mit denen die Dose bedruckt ist, mitverformen. Wie detailliert man abzeichnet bleibt dabei jedem selbst überlassen.

Die Dose zeichnen

Eigentlich muss man keine unnötigen Worte verlieren, da man auch hier so vorgeht wie in den anderen Übungen: Wir machen erst eine Vorzeichnung, dann schattieren wir diese.

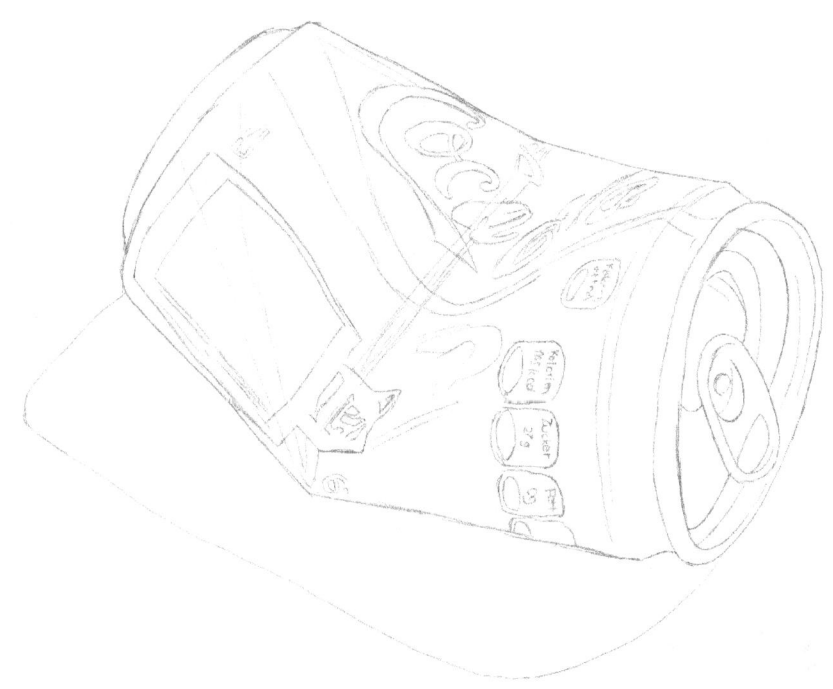

Vorzeichnung der Dose

Beim Zeichnen der Schatten und der Lichtreflexionen greifen wir auf die Erfahrungen zurück, die wir in der vorhergehenden Übung gesammelt haben. Auch bei der Tube mussten Metalleffekte dargestellt werden, bei denen Licht reflektiert wurde. Die Dose folgt dem gleichen Prinzip, sie hat lediglich eine etwas andere Form.

Tipp für das Herausarbeiten von Lichtern

Beim Herausarbeiten von kleinen Lichtreflexionen verrichtet ein Radierstift sehr gute Dienste. Damit kann man kleine Lichtpunkte und Kanten herausradieren. Hat man größere Flächen, die man ein wenig aufhellen möchte, eignet sich ein Knetradiergummi deutlich besser. Ich habe ihn für diese Zeichnung an einigen Stellen eingesetzt und war sehr froh, dass ich ihn zur Hand hatte.

Man tupft mit ihm einfach auf die Stelle, die aufgehellt werden soll. Dabei bleibt ein wenig Grafit am Knetradierer hängen und die Stelle erscheint heller. Man kann mit ihm jedoch nicht alles entfernen – ein wenig Grafit bleibt immer auf dem Papier.

Im Folgenden sind einige Zwischenschritte von der Entstehung der Zeichnung zu sehen. Das Vorgehen ist dabei nicht anders als bei den anderen Objekten.

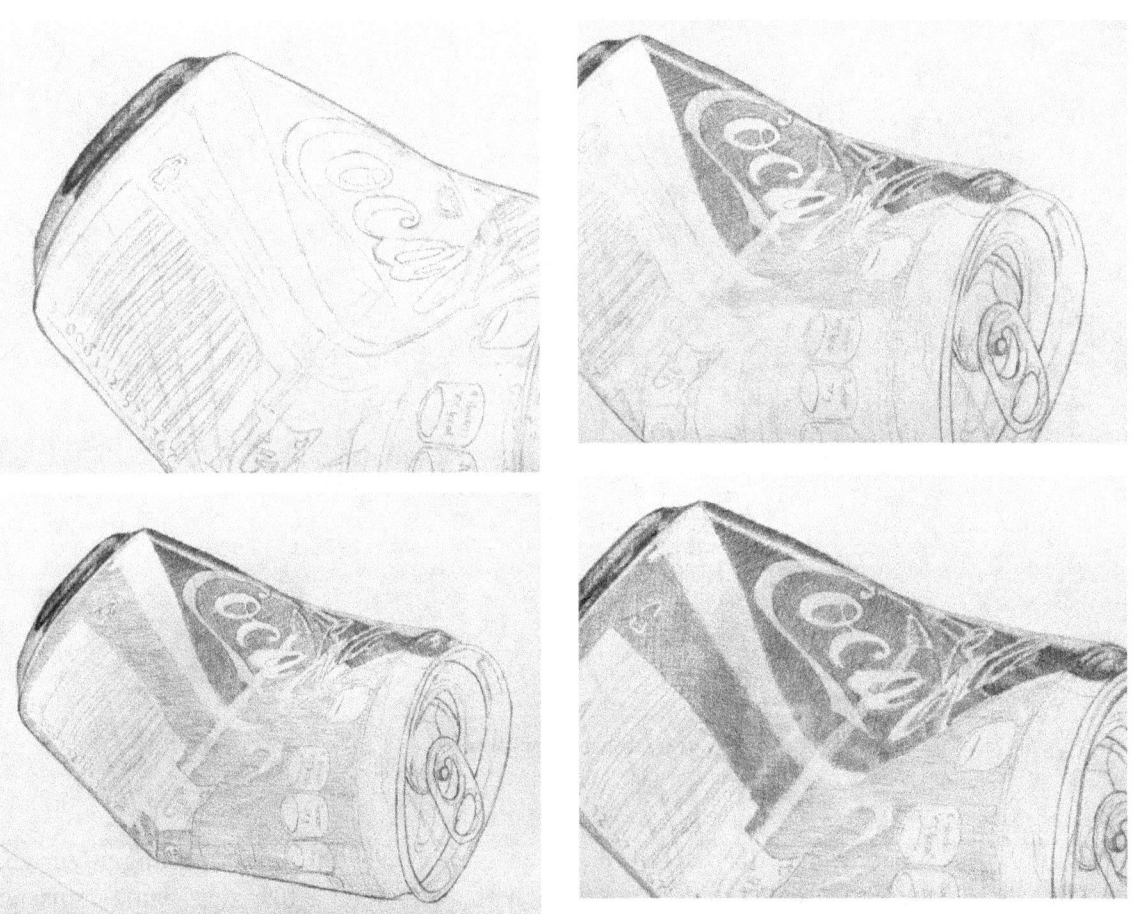

Übungen – Objekte realistisch zeichnen

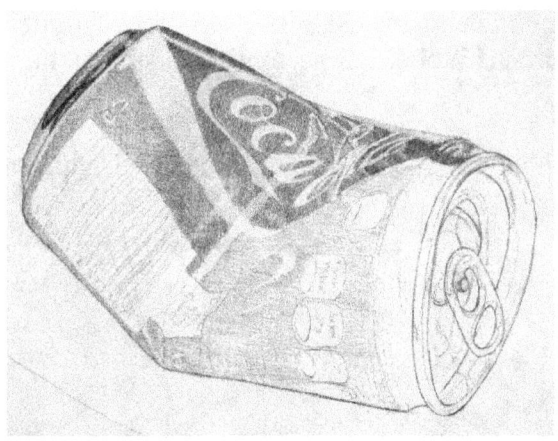 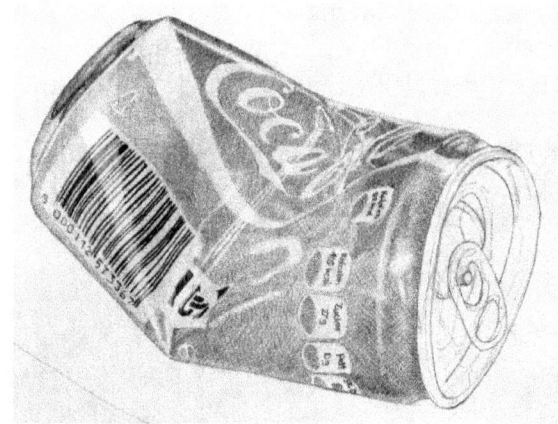

Und so sieht dann alles fertig aus:

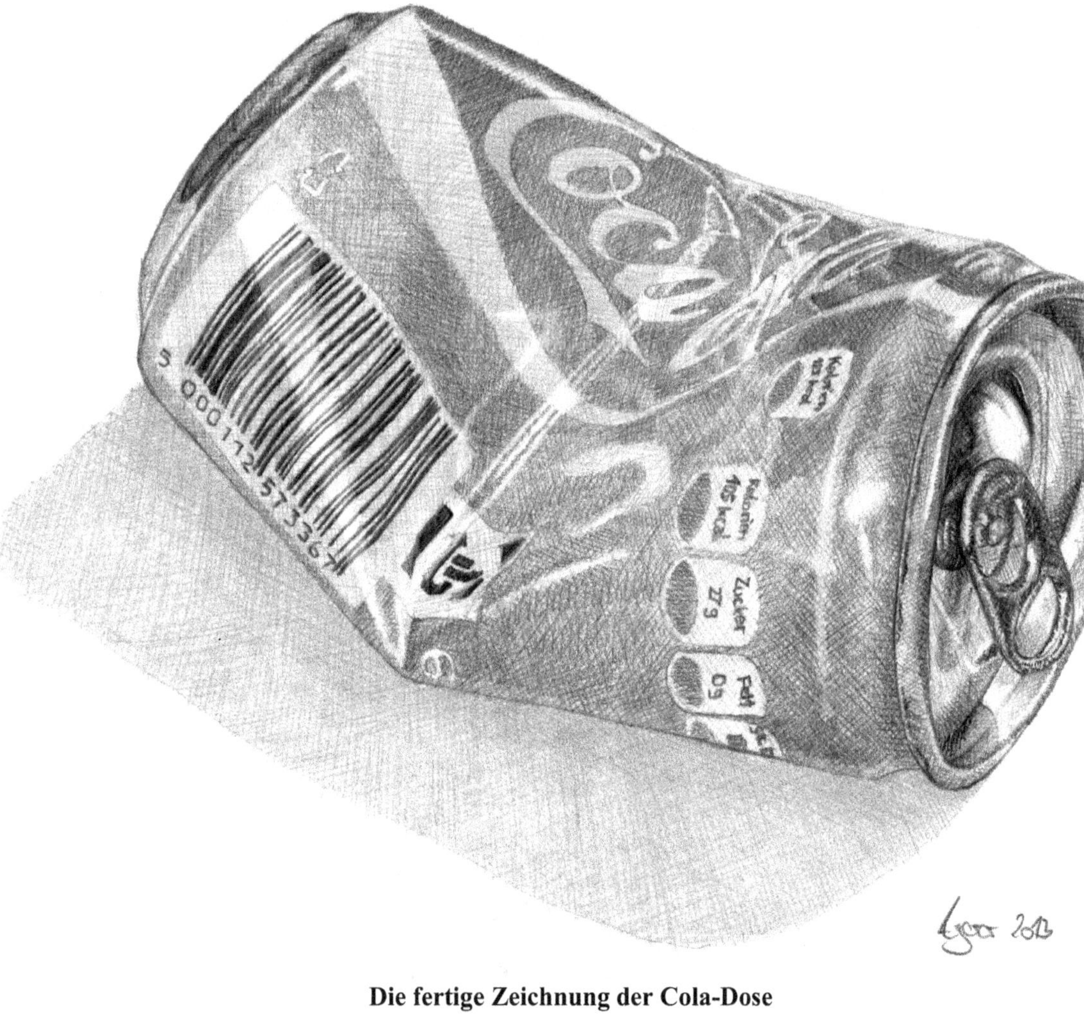

Die fertige Zeichnung der Cola-Dose

Wenn man die Zeichnung aus einer gewissen Entfernung betrachtet, fällt es kaum noch auf, dass die Schatten wirklich mit Schraffuren dargestellt wurden. Wobei ich persönlich die Darstellung mit Schraffuren als extrem ästhetisch empfinde.

Damit Du besser erkennen kannst wie ich gezeichnet habe, kommen nun einige Details in vergrößerter Darstellung.

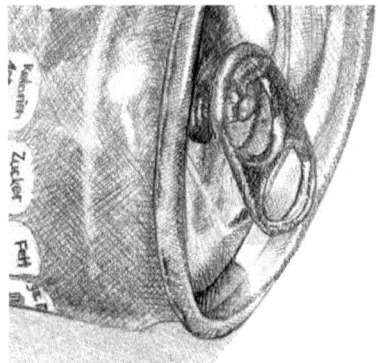

Detailaufnahme - Dosenöffner

Detailaufnahme – Strichcode

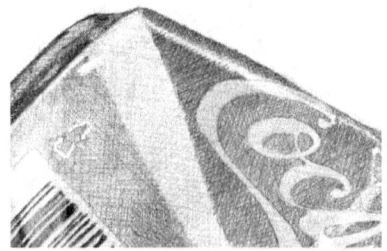

Detailaufnahme – Oberseite der Dose

9.7 Weinglas

Lernziele:

- Darstellung von Glas

Erforderliches Material:

- Ein Blatt Zeichenpapier DIN A4
- Ein Bleistift (z.B. Härte 2B)
- Anspitzer
- Radierer – idealer Weise Radierstift

Übung

Das Weinglas ist ein Klassiker unter den Zeichenübungen. Es hat eine schöne Form, die weder zu schwer noch zu einfach zu zeichnen ist und es hat Transparenzeffekte, die vor allem für Anfänger etwas schwieriger sein dürften.
Lass Dich davon aber nicht abschrecken. Es heißt wie immer: Genau hinsehen, dann klappt auch die Darstellung (zumindest mit ein wenig Übung).

Hier ist eine Fotovorlage, die ich bei der Erstellung meiner Zeichnung verwendet habe.

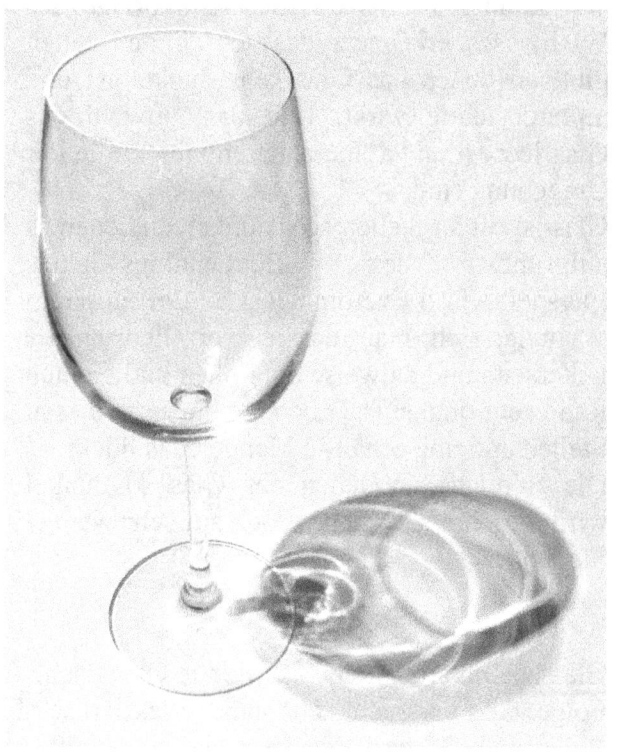

Fotovorlage Weinglas

Ich habe das Ganze einigermaßen einfach gestaltet – jedenfalls einfacher, als es in einem normalen Stillleben der Fall wäre. Das Glas ist nämlich von einem weißen Hintergrund und Untergrund umgeben. Im Normalfall wären auf dem Bild weitere Objekte vorhanden, die dann hinter dem Glas verzerrt zu sehen wären (und somit auch so zu zeichnen wären).
So kannst Du Dich voll und ganz auf die Schatten und Lichtreflexionen konzentrieren, die das Weinglas für sich alleine erzeugt.

Glas zeichnen allgemein

Das Besondere beim Zeichnen von Glas ist die Transparenz. Doch anderes, als man es im ersten Ansatz meinen könnte, ist das Glas dadurch nicht an allen Stellen durchsichtig. Ein Fehler, der oft von Anfängern begangen wird. Hier heißt es wieder: Genau hinsehen!

Wir können bereits auf der Fotovorlage des Weinglases erkennen, dass es einige Stellen gibt, an denen das Glas sehr dunkel ist und undurchsichtig wirkt. Und das, obwohl das Glas leer ist und keine anderen Objekte in der Umgebung sind.
Glas ist oft an Stellen sehr dunkel, an denen es aufgrund des Betrachtungswinkels (perspektivisch) verdichtet ist. Bei unserem Weinglas sieht man, dass es vor allem an der Unterseite und teilweise am linken und rechten Rand sehr dunkel ist. Eben weil man an diesen Stellen auf eine gehäufte Menge Glas blickt.
Die Bereiche, in denen das Glas so dunkel wird, beschränken sich jedoch auf sehr wenige Stellen.

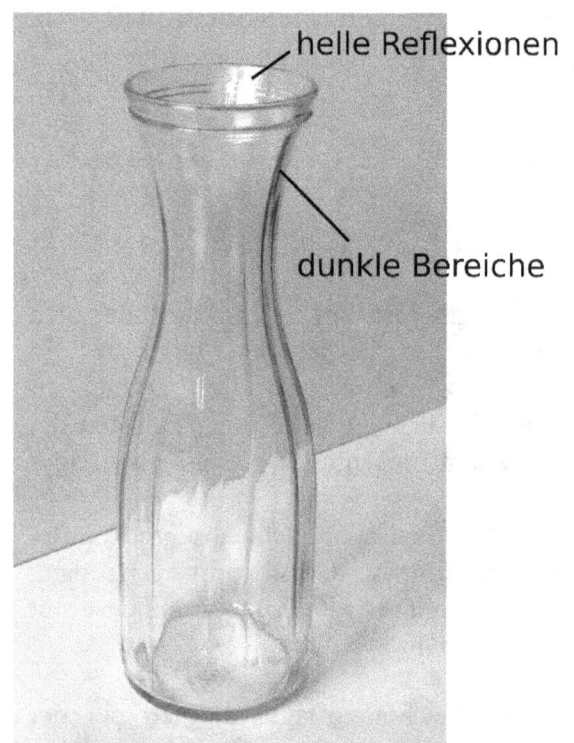

Helle und dunkle Bereiche bei einer Glasvase

Glas hat außerdem eine sehr glatte Oberfläche (Ausnahme hiervon wäre Milchglas). Das hat zur Folge, dass das Licht sehr stark reflektiert wird. Im Extremfall wird das Licht so stark in unsere Richtung reflektiert, dass man eine rein weiße Oberfläche sieht. Durch diesen Effekt wird jedoch nicht die gesamte Oberfläche des Glases heller - vielmehr sind nur bestimmte Stellen weiß. Durch die gekonnte Darstellung solcher hellen Bereiche, kann man sehr gezielt die Anmutung von Glas in einer Zeichnung vermitteln.

Übungen – Objekte realistisch zeichnen

In unserem Beispielbild findet man diesen Effekt nur an einigen einzelnen Punkten und an den Rändern. Diese sogenannten Highlights oder auch Glanzlichter heben sich durch ihre Helligkeit deutlich vom Rest des Glases ab.

Das Weinglas zeichnen

Man startet die Zeichnung wieder mit einer Skizze. Dabei kann man gleich einige Lichter und Schatten andeuten, wobei man aber nicht zu fest aufdrücken sollte, damit die Linien nicht zu dunkel werden.

Die Darstellung des Weinglases verläuft so ähnlich wie bei der Tasse aus einem der vorhergehenden Beispiele, ist jedoch etwas aufwendiger.
Man kann sich eine Ellipse konstruieren, die der breitesten Stelle des Glases entspricht. Dann zeichnet man zwei weitere Ellipsen, die ein Stück nach oben bzw. nach unten versetzt sind. Hierzu kann man zunächst drei Vierecke zeichnen, welche die Skizzierung der Ellipsen einfacher gestalten. Jetzt folgt ein Halbkreis, der unter die mittlere Ellipse gezeichnet wird und den Bauch des Weinglases darstellt. Dann noch einige Verbindungslinien zwischen den drei Ebenen und die Konstruktion ist fertig.
Das Vorgehen ist in der folgenden Bildreihe dargestellt.

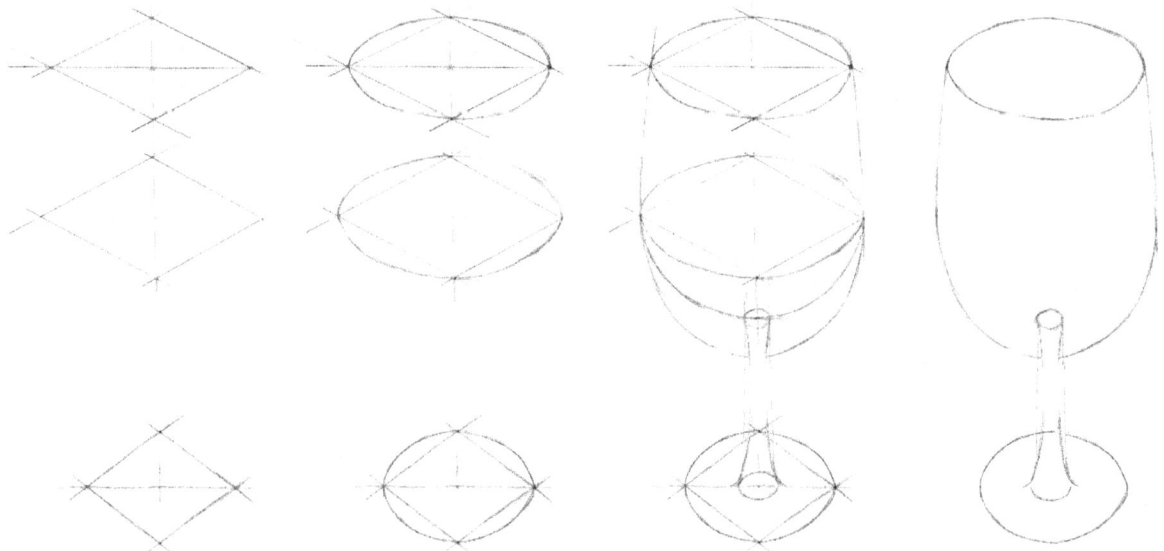

Konstruktion des Weinglases in vier Schritten

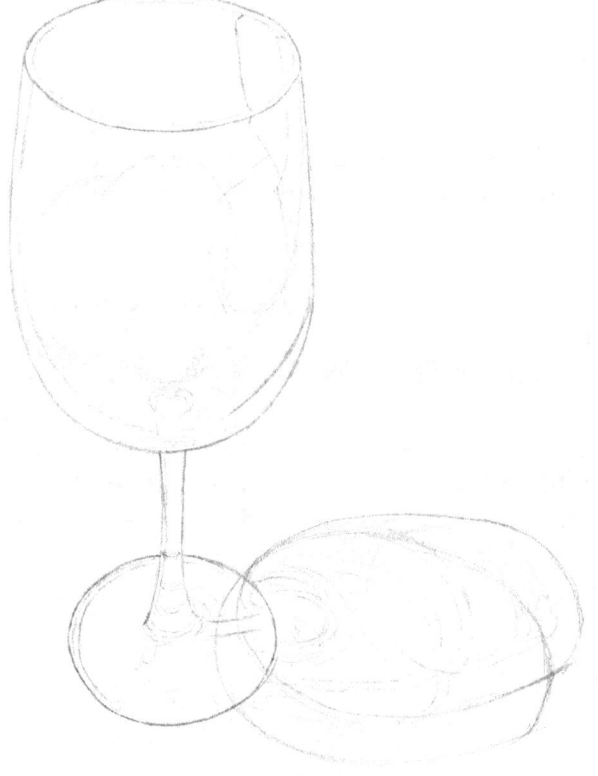

Bei dem Weinglas hat man nur wenige starke Kontraste. Man muss die hellen Grautöne also sehr kontrolliert anbringen. Es ist zwar erlaubt die Kontraste etwas übertreiben aber grundsätzlich sollte man bei dem Glas möglichst vermeiden zu dunkel zu werden. Also, vorsichtig schraffieren!

Vorzeichnung des Weinglases

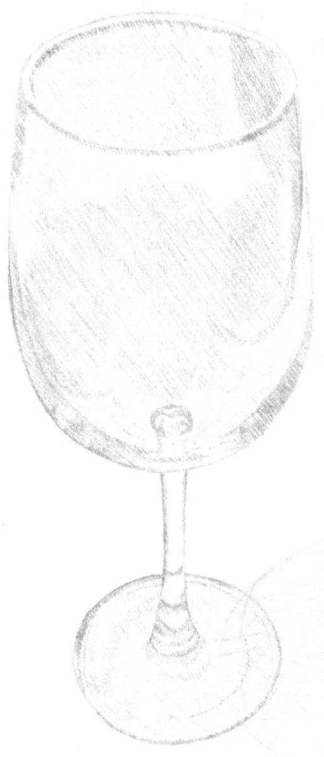

Man kann im ersten Schritt eine einfache Schraffur zeichnen. Im Bild wurde von oben links nach unten rechts schraffiert. Die Schraffur wurde mit einem 2B-Bleistift erstellt und dabei mit unterschiedlich starkem Druck gezeichnet, um so die verschiedenen Grautöne darzustellen.

Erster Auftrag der Schraffur

Im zweiten Schritt kann man Stellen, die dunkler werden sollen, mit einer weiteren Schraffur mit anderer Ausrichtung überzeichnen.

Das Glas selbst ist danach fertig und wir können uns dem Schatten am Boden zuwenden.

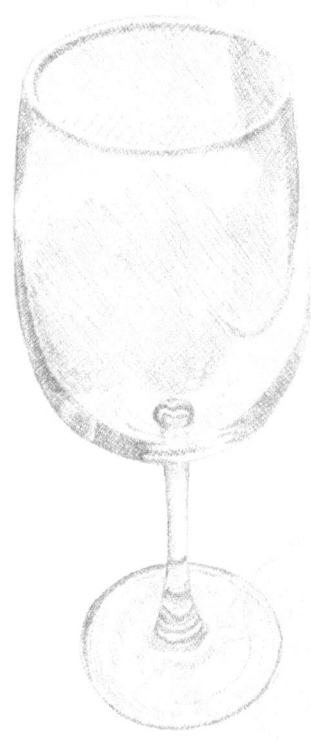

Fertig gezeichnetes Weinglas

Der Schatten, den das Glas auf den Boden wirft, ist bemerkenswert. Er kommt durch die Transparenz des Glases und das Vorhandensein mehrerer Lichtquellen (künstliches Licht) zustande.
Wie detailliert man den Schatten abzeichnet, ist Geschmackssache. Wer sich jedoch gerne mit der Darstellung von Lichteffekten spielt, kann es als neue Herausforderung betrachten.

Im Bild anbei der erste Schritt mit verschiedenen Parallelschraffuren, wobei bereits die hellen Lichteffekte angedeutet wurden.

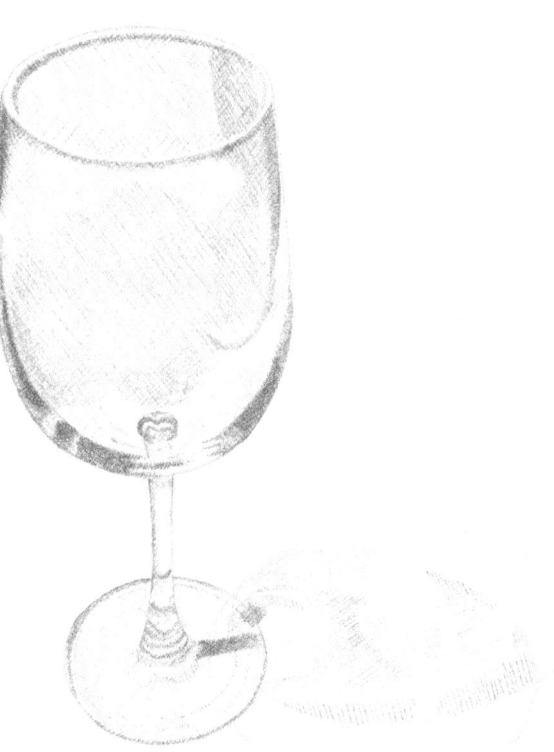

Erste Schraffuren für den Schatten am Boden

Nun arbeitet man den Schatten weiter heraus, indem man mit weiteren Schraffuren nachdunkelt, dort wo es notwendig ist. Nach einiger Fleißarbeit, kann das Ergebnis dann so aussehen, wie im folgenden Bild.

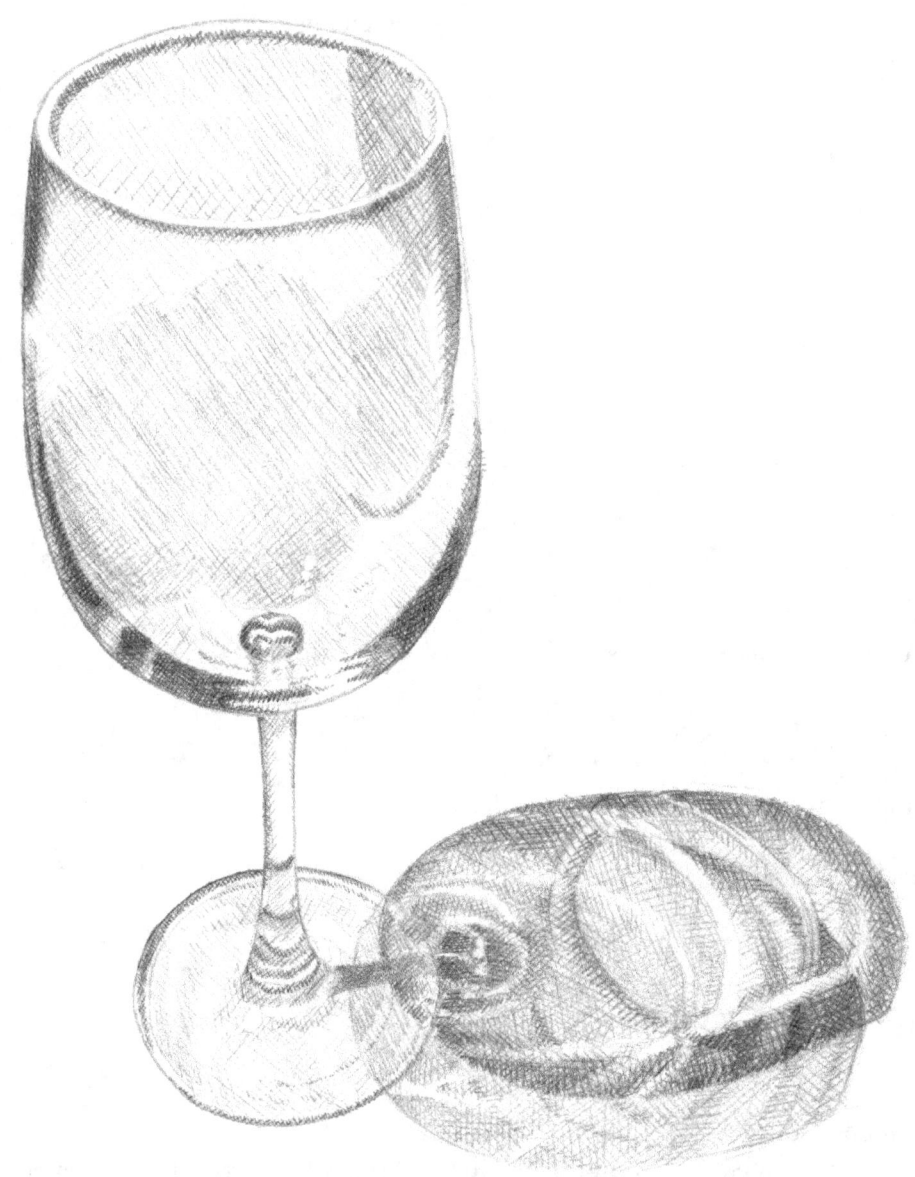

Die fertige Zeichnung des Weinglases

Ein Stillleben zeichnen

*» Zeichnen ist Sprache für die Augen, Sprache ist Malerei
für das Ohr. «*

- Joseph Joubert -

10 Ein Stillleben zeichnen

Lernziele:

- Stillleben zeichnen
- Bildkomposition

Erforderliches Material:

- Ein Blatt Zeichenpapier DIN A4
- Ein Bleistift (z.B. Härte 2B)
- Anspitzer
- Radierer

10.1 Stillleben

Du hast inzwischen gelernt, wie man einzelne Körper dreidimensional abbildet. Nun kannst Du probieren mehrere Objekte in einer Bildkomposition zu arrangieren und abzuzeichnen. Was sich dabei ergibt, bezeichnet man in der bildenden Kunst als Stillleben.

Ein Stillleben ist eine Darstellung von leblosen Gegenständen, ganz egal ob es sich um eine Zeichnung, eine Fotografie oder ein Gemälde handelt. Wenn man ein Stillleben zeichnet, kommt es auf die richtige Auswahl und die richtige Gruppierung der Gegenstände an, die man abbilden möchte. Dabei sollte man zum Einen auf ein ästhetisches Arrangement der Objekte achten und zum Anderen auf inhaltliche Aspekte.

Das bedeutet z.B., dass man Gegenstände, die inhaltlich zusammenpassen, so gruppiert, dass das Gesamtbild stimmig und zugleich interessant aussieht. Man kann beispielsweise unterschiedliches Obst in einem Korb zeichnen.

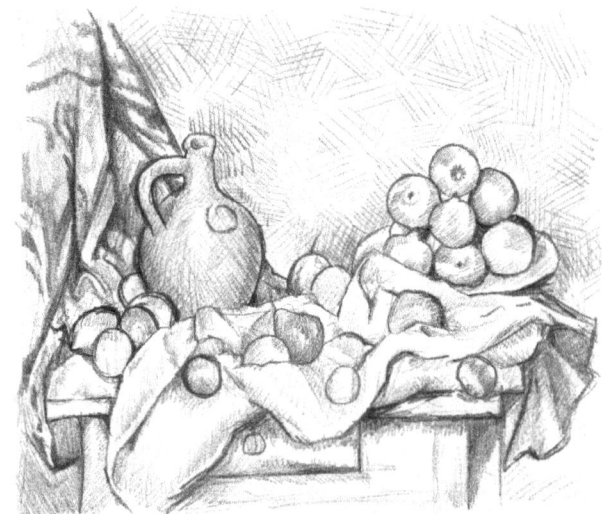

Zeichnung nach einem Stillleben von Paul Cézanne

Ein Stillleben zeichnen

Um eine ästhetische Gruppierung der Gegenstände in einem Stillleben zu schaffen, kann man als Hilfe eine sehr grobe Skizze zeichnen. Dabei genügt es zunächst einfach nur einen geometrischen Körper aufzuzeichnen. Dieser geometrische Körper soll ungefähr der Form entsprechen, die unsere Zeichenobjekte auf dem Bild als Gruppe einnehmen.
Im folgenden Beispielbild wurde ein Dreieck verwendet.

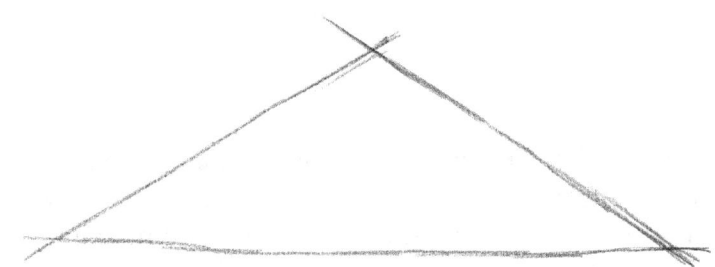

Geometrischer Körper als Hilfe zur Gruppierung der Zeichenobjekte

10.2 Bildkomposition Stillleben

Eine typische Form, die man für Stillleben gerne verwendet ist ein Dreieck (wie im vorhergehenden Beispielbild). Das Dreieck ist eine solide Form und das Bild wirkt hierdurch stabil und zugleich ästhetisch.

Den inhaltlichen Zusammenhang erzielt man durch passende Gegenstände. Das bedeutet durch Gegenstände, die in irgendeiner Form zusammengehören, harmonieren oder einen gewissen Bezug zueinander haben. Im folgenden Beispiel wird Gemüse, Pflanzenöl und ein Messer verwendet.
Inhaltlich passen die Gegenstände zusammen, da sie unter den Oberbegriff Essen fallen. Zugleich bringt der Gegensatz zwischen rundem Gemüse, der geradekantigen Ölflasche sowie dem scharfen Messer Spannung in die Zeichnung - das Bild wirkt interessanter.

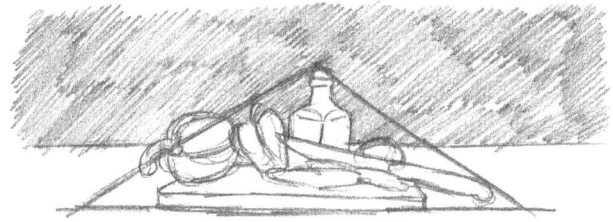

Schnell skizzierter Entwurf des Stilllebens

Wenn man nun mit dem Zeichnen des Stilllebens beginnen will, sollte man als Erstes die Zeichenobjekte so zusammenstellen wie man sie zeichnen möchte. Man kann das Arrangement abfotografieren und dann vom Foto abzeichnen, wenn es einem zu schwer fällt die echten Gegenstände direkt abzuzeichnen.

10.3 Tipps für das Abzeichnen

Ein Problem, dass man beim direkten Abzeichnen haben kann ist, dass sich der Stand der Sonne verändert und dadurch die Schatten der Gegenstände anders fallen als zu Beginn. Um dies zu vermeiden kann man auch mit künstlichem Licht arbeiten – also mit einer Lampe. Man kann die Lampe beliebig umstellen und durch den Wurf der Schatten die unterschiedlichsten Effekte erzielen. Experimentiere an dieser Stelle ruhig etwas herum, um eine Licht- und Schatten-Komposition zu schaffen, die eine gute Wirkung erzielt.

Ein anderer Stolperstein beim direkten Abzeichnen könnte sein, dass Du immer wieder von einem etwas anderen Winkel auf die Gegenstände blickst. Auch hier kann man im Notfall einfach ein Foto machen und davon abzeichnen.

10.4 Das Stillleben zeichnen

Jetzt kannst Du mit einem Bleistift eine Vorzeichnung des Stilllebens ganz sanft auf dem Papier zeichnen. Wenn Du möchtest, kannst Du zunächst die geometrische Grundform deines Arrangements skizzieren. Zeichne mit dem Bleistift nur ganz leicht auf das Papier, so dass Du die Linien später wieder wegradieren kannst.
Achte außerdem darauf, dass Du die Gegenstände des Stilllebens nicht zu nah am Rand des Papiers zeichnest.

Ein Stillleben zeichnen

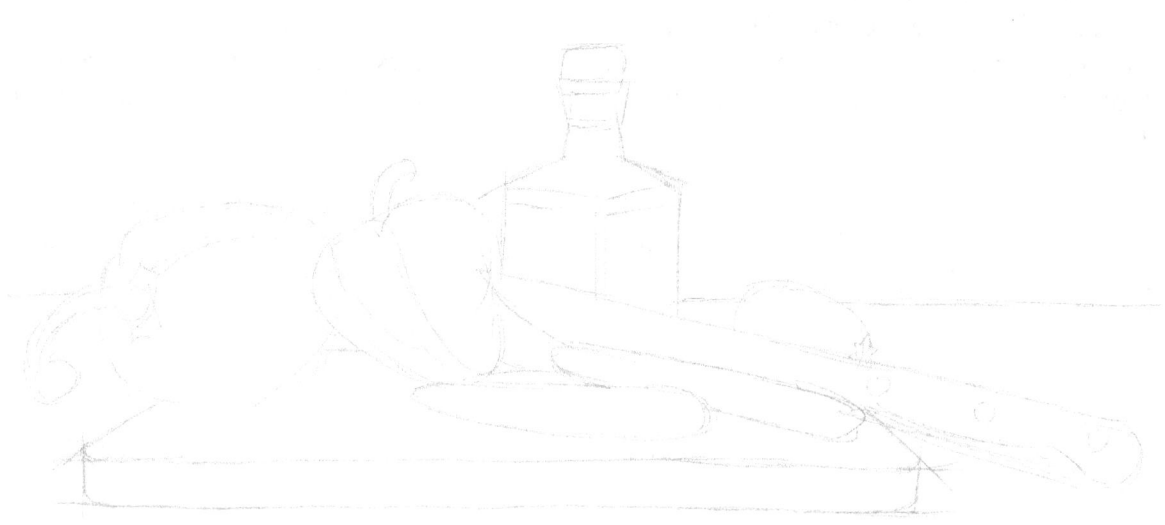

Vorzeichnung des Stilllebens auf dem Papier

Wenn die Vorzeichnung steht, kann man diese nochmal kräftiger mit einem weichen Bleistift nachzeichnen.

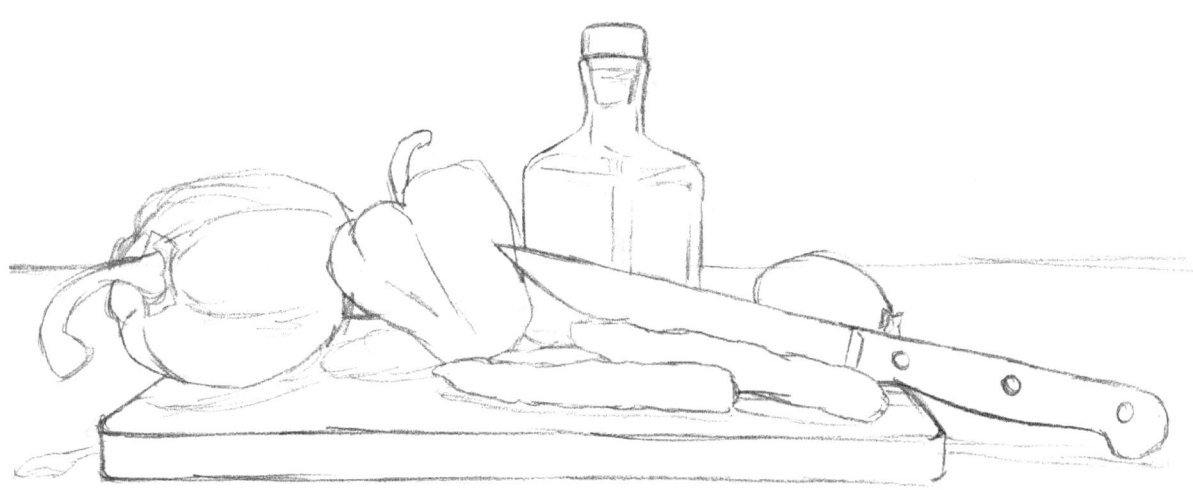

Kräftige Skizze des Stilllebens

Nach der groben Skizzierung des Stilllebens, kann man jetzt damit beginnen die Schatten zu zeichnen. Zeichne die Gegenstände so detailliert wie Du gerne möchtest. Habe keine Angst davor starke Kontraste einzubauen – sie machen das Bild interessanter. Dunkle Bereiche dürfen auch betont dunkle Schatten bekommen, während besonders helle Bereiche am besten ganz weiß bleiben.

Wie immer zeichnet man die Schatten zu Beginn noch nicht zu stark. Bei der Flasche und beim Messer kannst Du auf Dein gewonnenes Wissen aus den vorhergehenden Übungen zurückgreifen.

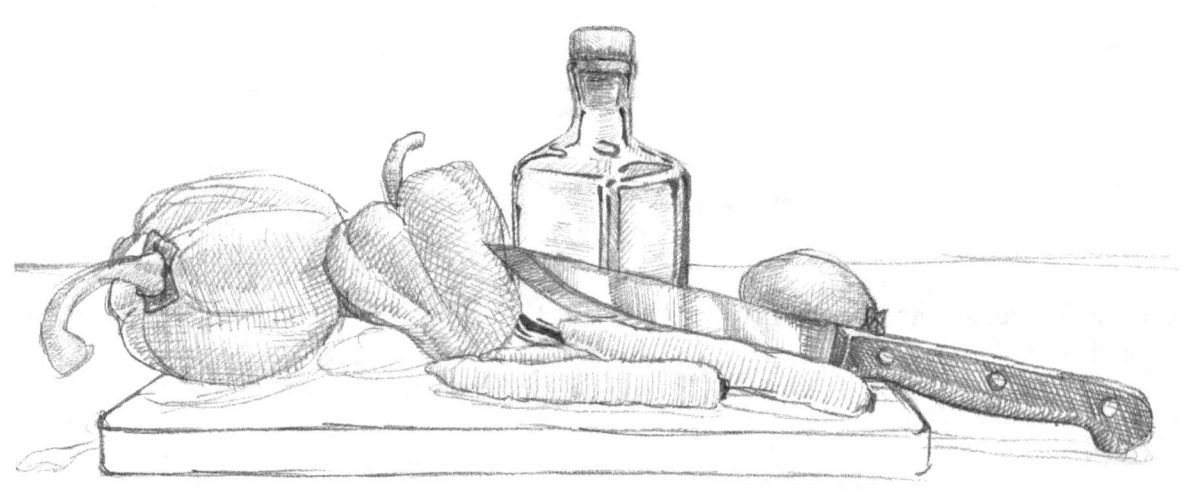

Erste Schattierung des Stilllebens

Im nächsten Schritt arbeitet man die dunkleren Partien des Stilllebens heraus. Das Holzbrett, auf dem die Gegenstände liegen, kann mit einer Holzstruktur versehen werden.

Ein Stillleben zeichnen

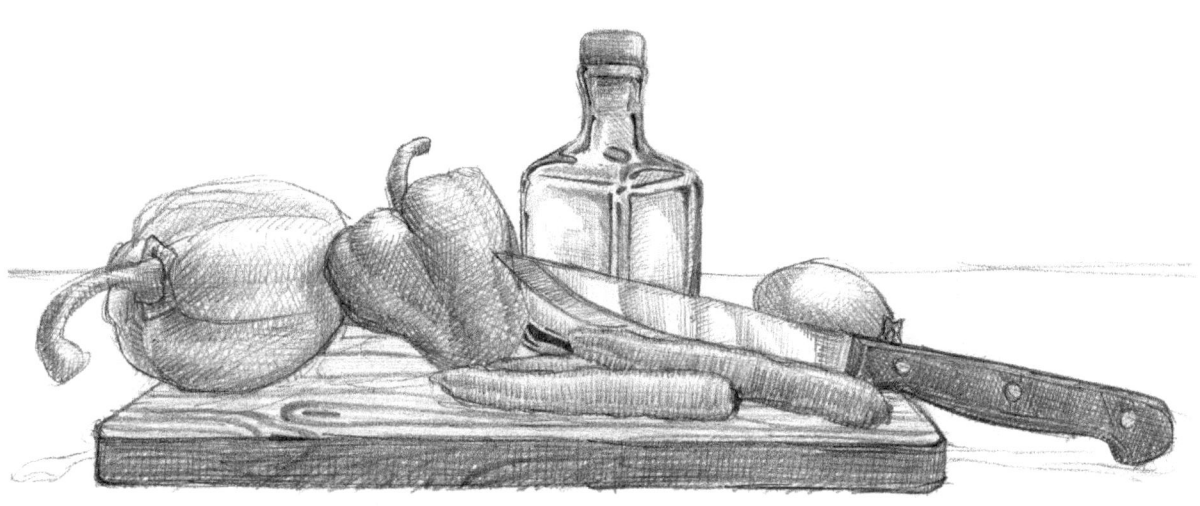

Die ersten beiden Schritte der Schattierung des Stilllebens

Als Letztes stellt man die Schlagschatten der Objekte dar. Danach hat man das Bild vollendet.

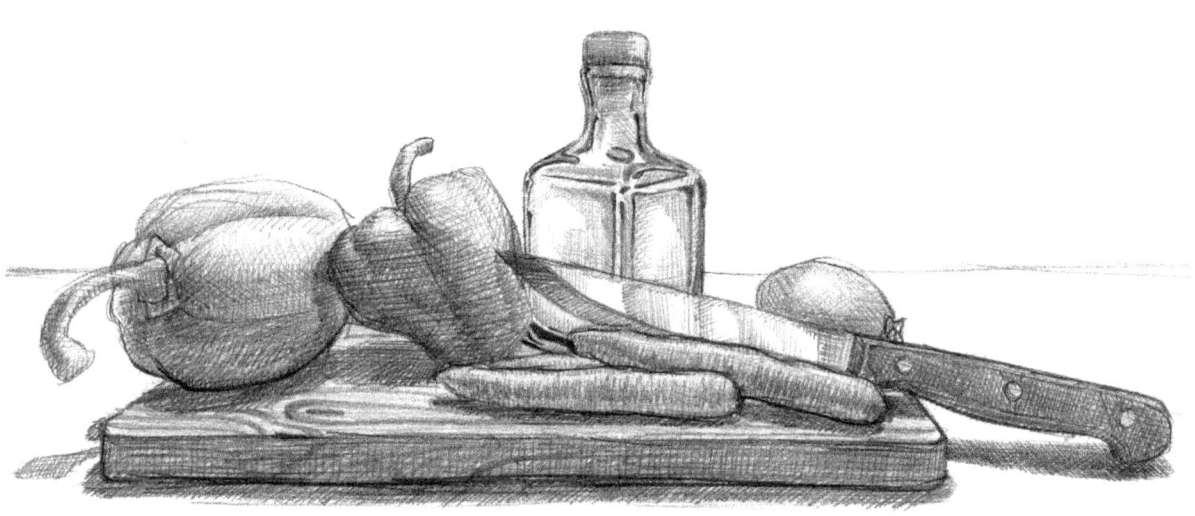

Das fertig gezeichnete Stillleben

Abzeichnen mit der Rastermethode

» Nichts Hohes erreicht der Künstler, der nicht an sich selber zweifelt. «

- Leonardo da Vinci -

11 Abzeichnen mit der Rastermethode

Lernziele:

- Die Rastermethode zum Abzeichnen anwenden
- Zeichentechnik Schummern

Erforderliches Material:

- Ein Blatt Zeichenpapier (z.B. DIN A4)
- Ein Bleistift
- Anspitzer
- Radiergummi
- Lineal

11.1 Übung

In dieser Übung geht es um die Anwendung der Rastermethode, die wir bereits in einem vorhergehenden Kapitel kennengelernt haben. Sie wird häufig dann eingesetzt, wenn man ein komplexeres Motiv von einem Foto abzeichnen möchte.

Die Rastermethode wurde im Übrigen bereits vor vielen hundert Jahren von Künstlern angewendet. Dabei wurde die Methode sogar zum Abzeichnen von einem realen Objekt eingesetzt – also nicht zur Übertragung von einem Bild/Foto. Man verwendete damals einen Rahmen, in den mehrere Fäden horizontal und vertikal eingespannt wurden, womit man ein Raster bildete. Durch dieses Raster konnte man dann direkt auf das Zeichenobjekt blicken.

Für unsere Übung verwenden wir das folgende Foto, welches in New York entstanden ist. Du kannst natürlich auch ein eigenes Foto für die Übung verwenden.

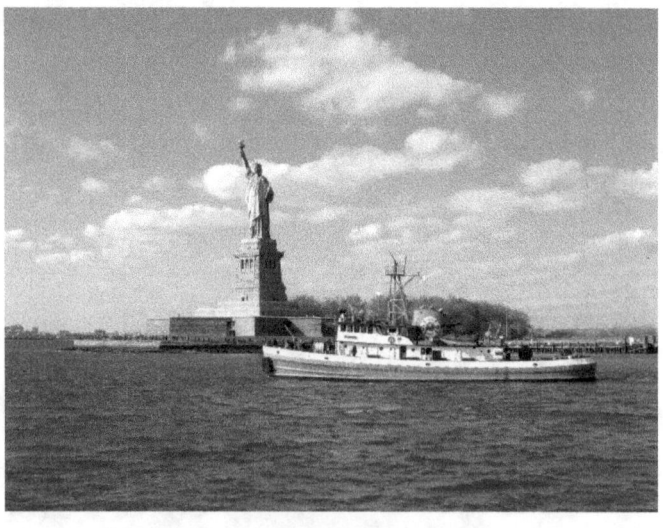

Fotovorlage – Freiheitsstatue in New York

Auf die Fotovorlage zeichnet man nun ein gleichmäßiges Raster, wie es im folgenden Bild dargestellt ist. Die einzelnen Kästchen müssen dabei nicht unbedingt quadratisch sein. Wichtig ist nur, dass sie alle gleichgroß sind. Verwendet also unbedingt ein Lineal.

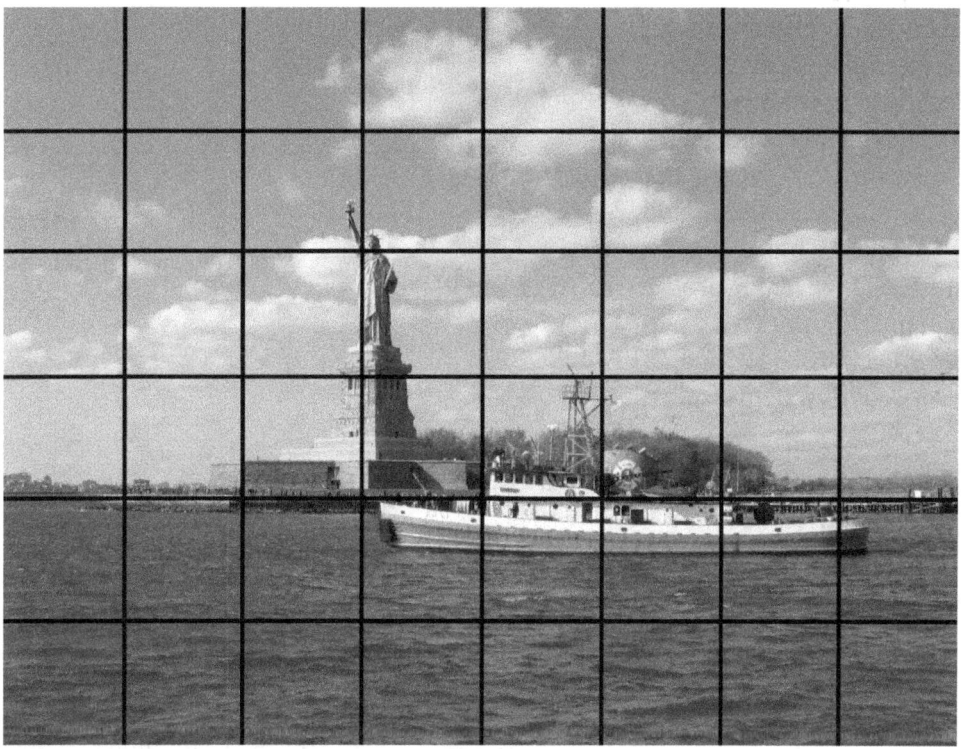

Raster auf der Vorlage

Das Raster auf dem Foto muss nun auf dem Papier nachgebildet werden. Man kann dabei das Foto vergrößern oder auch verkleinern, indem man das Raster auf dem Zeichenpapier entsprechend anpasst. Wichtig ist hier nur, dass man das Raster im gleichen Längen-Breiten-Verhältnis darstellt. Tut man dies nicht, wird das Bild entweder gestaucht oder gedehnt.

Hat man die einzelnen Kästchen auf dem Foto zum Beispiel 3cm x 3cm groß gezeichnet (also quadratisch), müssen sie auch quadratisch auf dem Zeichenpapier dargestellt werden. Auch die Anzahl der Kästchen in horizontaler und vertikaler Richtung muss gleich sein. Ob die Kästchen dann größer (z.B. 4cm x 4cm), kleiner (z.B. 2cm x 2cm) oder gleichgroß gezeichnet werden, ist dabei jedem selbst überlassen.

Rasterung des Papiers

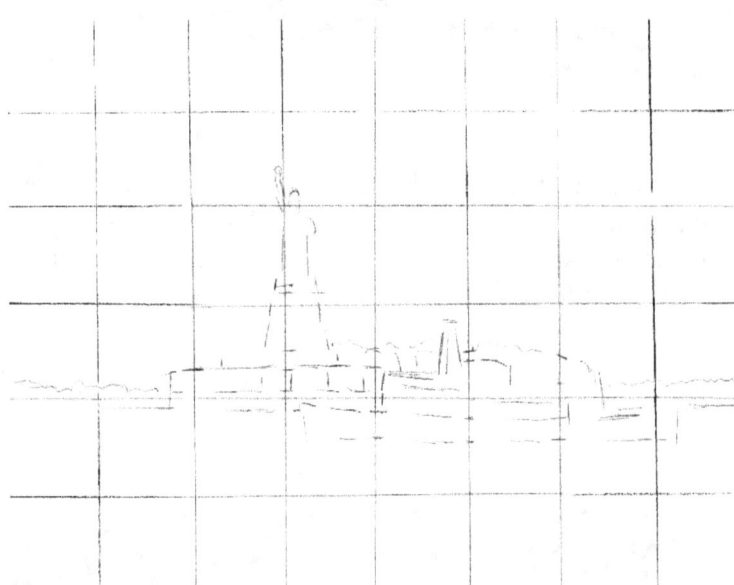

Einzeichnen von Konturen an den Schnittlinien des Rasters

Beim Abzeichnen kann man sich anhand der Rasterung auf dem Foto relativ gut orientieren. Man kann dabei jedes Kästchen einzeln abzeichnen oder man zeichnet im ersten Schritt die Konturen des Motivs an den Stellen, an der diese die Rasterlinien schneiden. Zweitgenannte Methode habe ich im nebenstehenden Bild umgesetzt.

Orientiere Dich immer wieder am Raster auf dem Foto und vergleiche es mit Deiner Zeichnung. So solltest Du die Proportionen relativ gut hinbekommen.

Nun kann man die Konturen komplett nachzeichnen und hat die fertige Linienzeichnung.

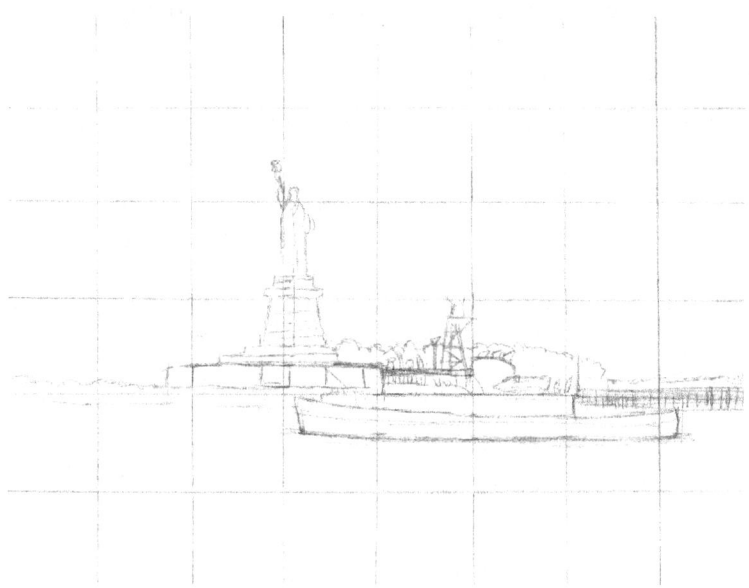

Zeichnung mit Raster auf dem Papier

Das Raster braucht man nun nicht mehr und man kann es somit entfernen. Übrig bleibt die Zeichnung der Konturen.

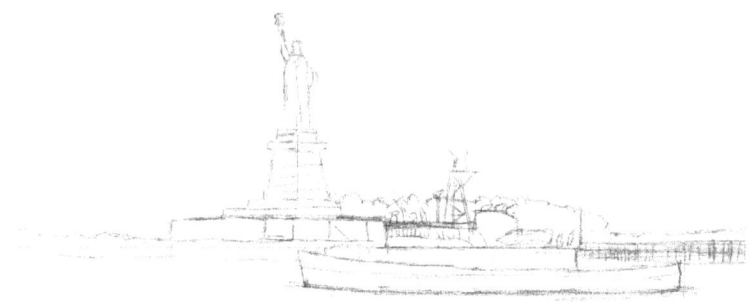

Fertige Zeichnung der Konturen

Um das Bild zu vollenden, kann man es nun noch schattieren. Die Technik meiner Wahl war hier das Schummern. Durch Schummern kann man die Zeichnung relativ schnell schattieren. Vor allem beim Zeichnen der großen Flächen wie dem Wasser und dem Himmel spart man sich viel Zeit.
Zuerst werden die Schatten der Freiheitsstatue und das Boot schattiert.

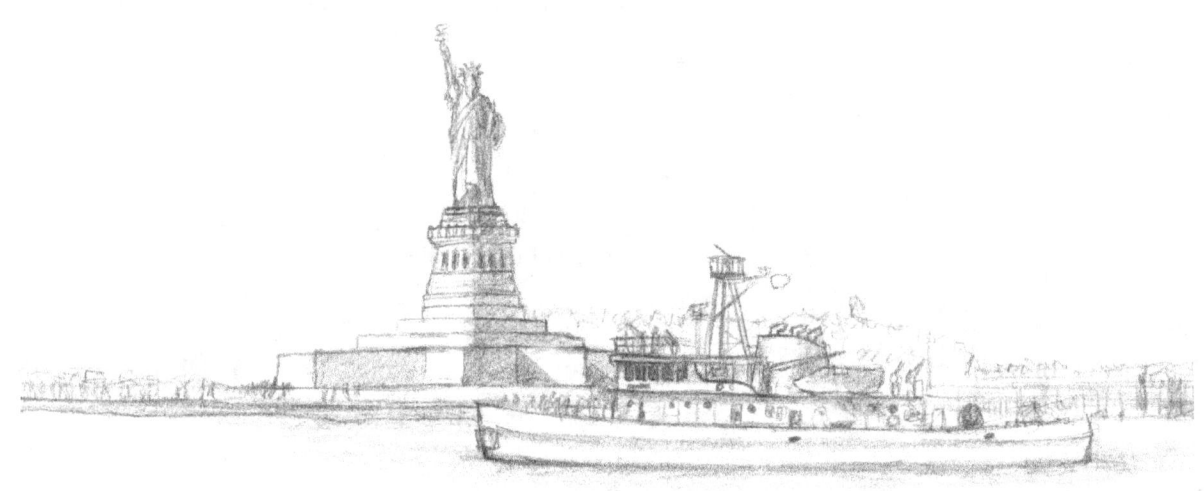

Schattierung der Zeichnung durch Schummern

Am Ende kann man noch den Himmel und das Wasser zeichnen. Durch das Schummern geht die Arbeit besonders schnell. Mit diesem letzten Schritt ist die Zeichnung fertig.

Abzeichnen mit der Rastermethode

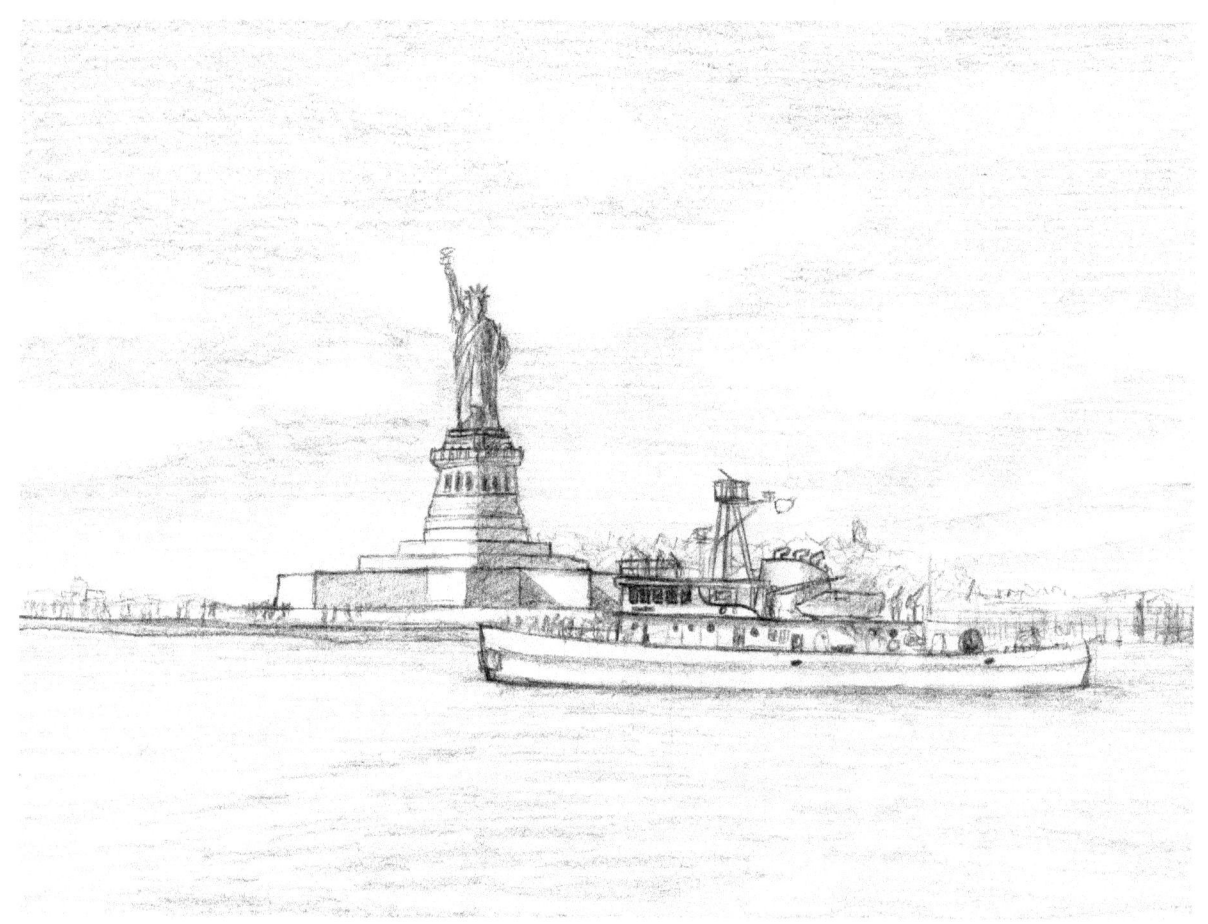

Fertige Zeichnung

Ein Stillleben mit Kohle zeichnen

» Als Stillleben wird man nur etwas in der Kunst. «

- Erhard Horst Bellermann -

12 Ein Stillleben mit Kohle zeichnen

Lernziele:

- Mit Kohle zeichnen
- Verwischtechnik
- Abzeichnen mit freien Orientierungslinien

Erforderliches Material:

- Ein Blatt Zeichenpapier (z.B. DIN A4)
- Ein Bleistift
- Anspitzer
- Radiergummi, Knetradiergummi, Radierstift
- Zeichenkohle
- Wischwerkzeug (z.B. Estompe)

12.1 Übung

Wir wenden uns in dieser Übung einer weiteren Zeichentechnik zu: Das Zeichnen mit Kohle. Als Übungsbeispiel wollen wir uns an einem Stillleben versuchen, in dem eine Komposition aus Mandarinen und getrockneten Mandarinenscheiben dargestellt wird.

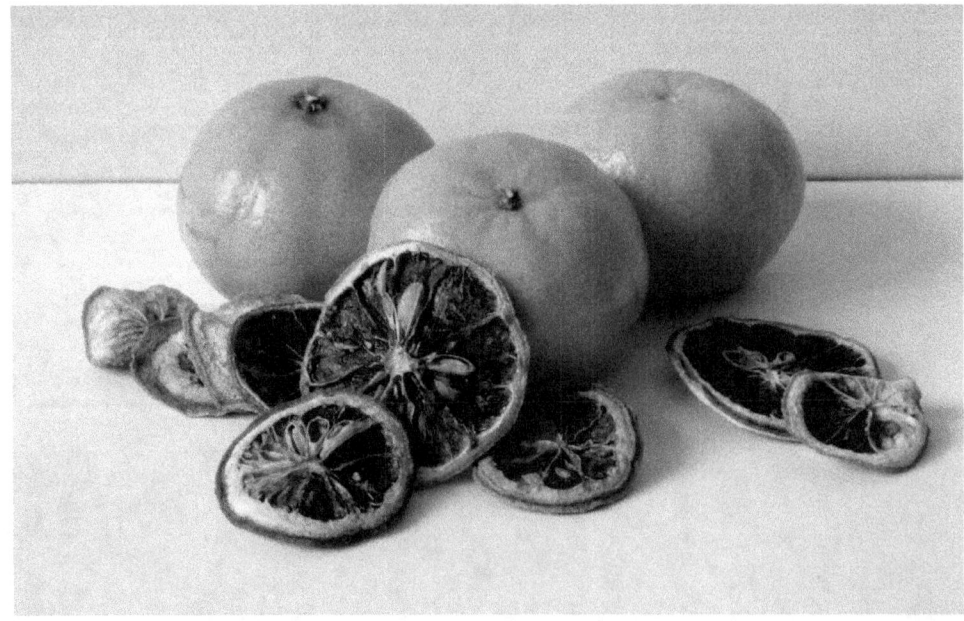

Fotovorlage – Stillleben

Ein Stillleben mit Kohle zeichnen

Ein weiterer Aspekt dieser Übung ist das Abzeichnen mit Hilfe von freien Orientierungslinien. Diese Methode unterscheidet sich von der Rastermethode insofern, dass man die Linien nicht in einem einheitlichen Raster anordnet, sondern gezielt an bestimmten Punkten einzeichnet. Das heißt, man zeichnet Orientierungslinien nur dort ein, wo man sie auch wirklich braucht. Ausgehend von diesen Linien, kann man dann die einzelnen Elemente des Stilllebens Stück für Stück darstellen.

Einzeichnen der Orientierungslinien

Wie man die beschriebenen Orientierungslinien einzeichnen kann, siehst Du im folgenden Bild. Man könnte die Linien auch anders setzen, ganz wie es einem am sinnvollsten erscheint.

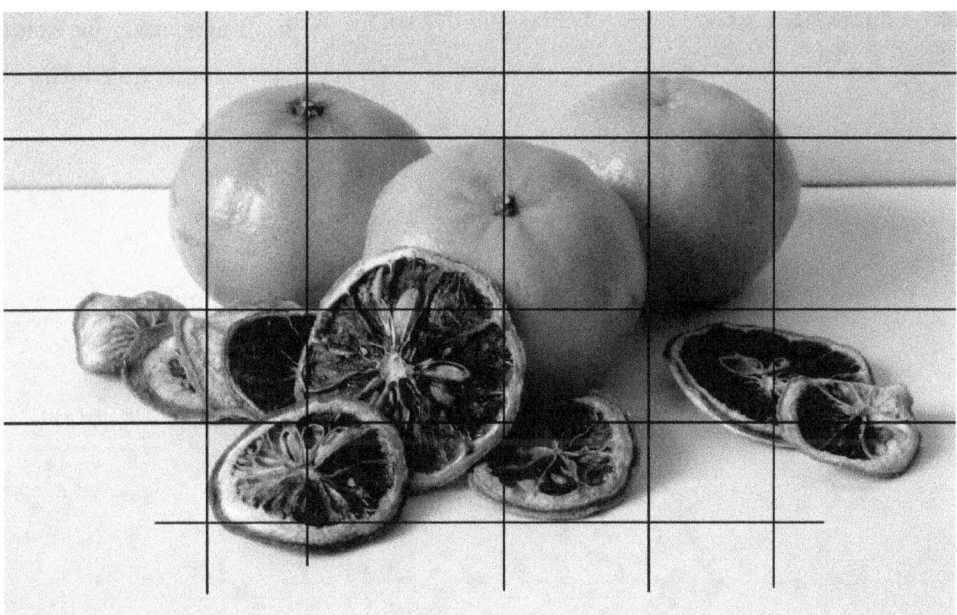

Foto mit eingezeichneten Orientierungslinien

Ich selbst verwende diese Methode lieber als die Rastermethode, da ich damit schneller bin. Ich setze Orientierungslinien an Stellen, an denen man die Position verschiedener Bildelemente zueinander ansonsten nicht so leicht erkennen kann. Die horizontalen und vertikalen Hilfslinien zeichne ich an den Rand von wichtigen Bildobjekten oder an markante Punkte (zum Beispiel Symmetrielinien). Danach prüfe ich wie andere Elemente und Konturen zu den Linien stehen - also darüber oder darunter bzw. links oder rechts davon.

Tipp – Umrisslinien

Die Umrisslinien, die man vor allem in der Vorzeichnung darstellt, existieren in der Realität eigentlich nicht – zumindest nicht als Linien. In der Fotovorlage ist zum Beispiel deutlich zu erkennen, dass keine der Mandarinen von einer dunklen Linie umrandet ist.

Korrekter Weise werden Konturen in einer realistischen Zeichnung dementsprechend nicht durch Linien dargestellt. Sie werden lediglich durch unterschiedliche Tonwerte sichtbar. Flächen mit unterschiedlichem Tonwert lassen Grenzen entstehen. Diese Grenzen bilden die Konturen der Bildobjekte.
Wir werden versuchen diese Erkenntnis in dieser Übung umzusetzen.

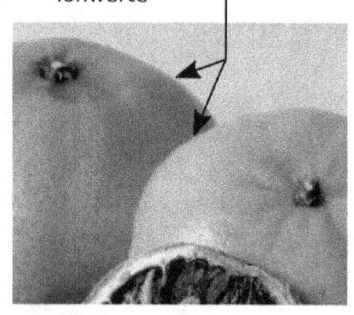

Entstehung von Konturen durch unterschiedliche Tonwerte

Das Stillleben zeichnen

Mit Hilfe der Orientierungslinien erstellen wir als Erstes eine Vorzeichnung.

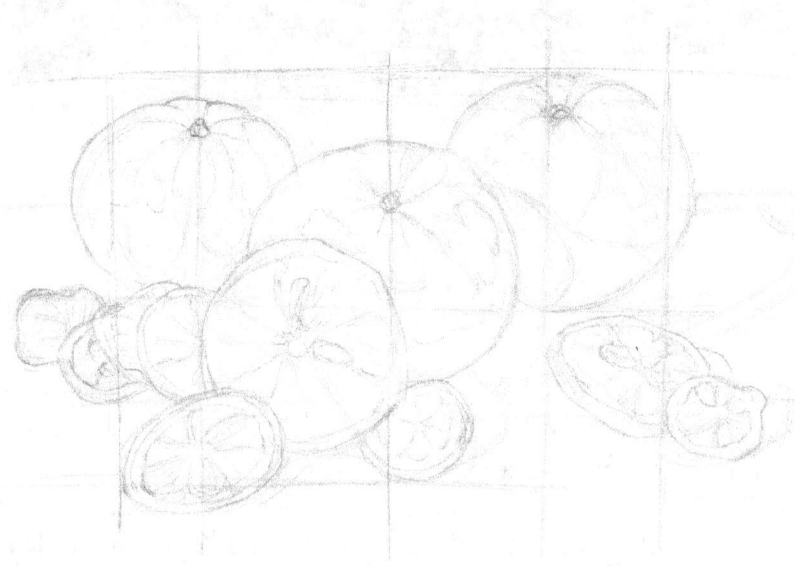

Vorzeichnung mit Hilfslinien

Ein Stillleben mit Kohle zeichnen

Die Hilfslinien kann man nun mit einem Radiergummi entfernen.

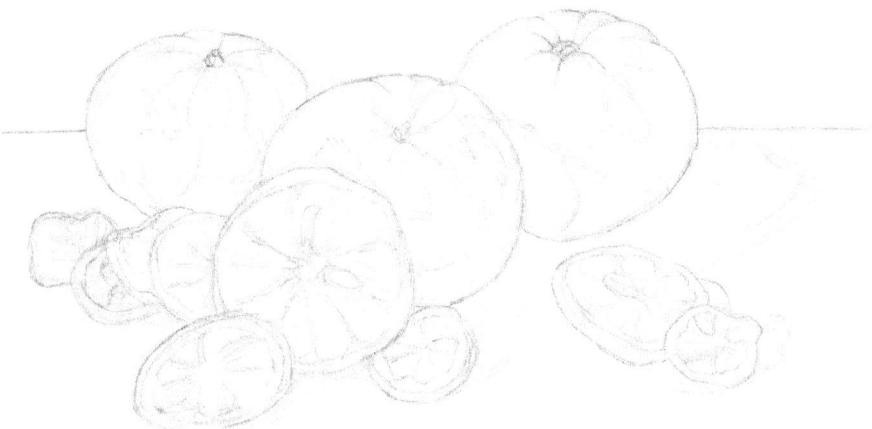

Vorzeichnung des Stilllebens

Jetzt nehmen wir ein Stück Zeichenkohle und schwärzen die Mandarinen und die Mandarinenscheiben vorsichtig ein. Dabei kann man bereits ein paar Strukturen andeuten. Drücke mit dem Kohlestift jedoch nicht zu stark auf, da die Zeichnung sonst zu früh zu dunkel wird. Dunkle Partien werden erst später gezeichnet.

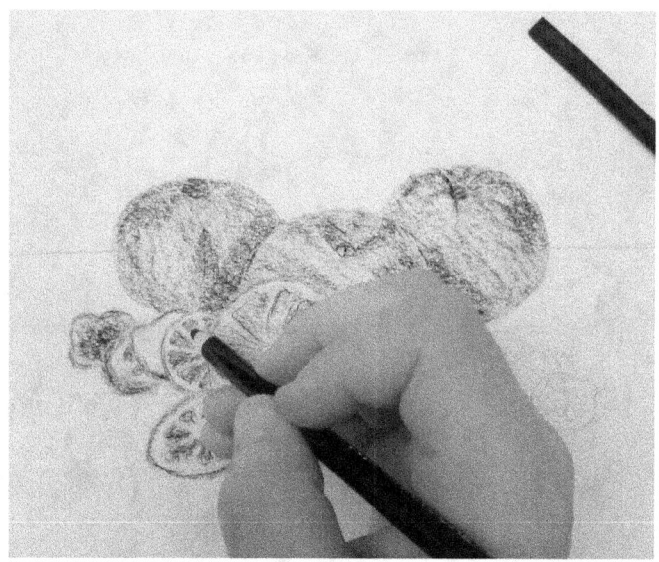

Erster Auftrag von Kohle mit einem Kohlestift

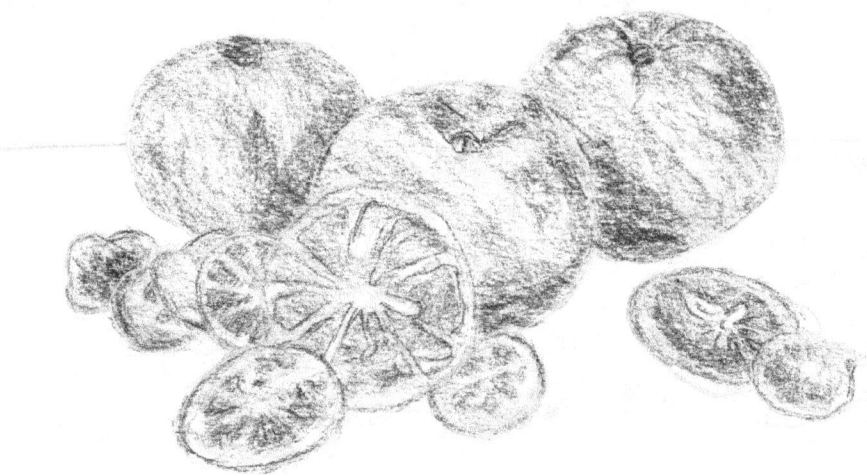

Erster Kohleauftrag

Beim Zeichnen mit Kohle bietet sich vor allem die Verwischtechnik als Zeichentechnik an. Wir probieren es in dieser Übung aus.

Zum Verwischen kann man ein Estompe verwenden. Damit verwischt man die Kohle so, dass man nichts mehr von der Papierstruktur sehen kann. Man erzeugt dadurch gleichmäßige Hell-Dunkel-Verläufe oder gleichmäßige Grautöne.

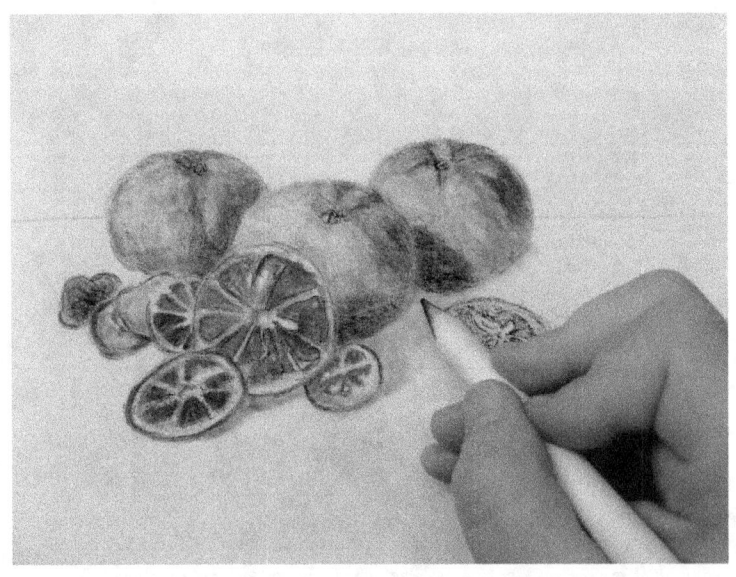

Verwischen der Kohle mit einem Estompe

Im folgenden Bild kannst Du sehen, wie die Zeichnung nach dem Verwischen aussieht.

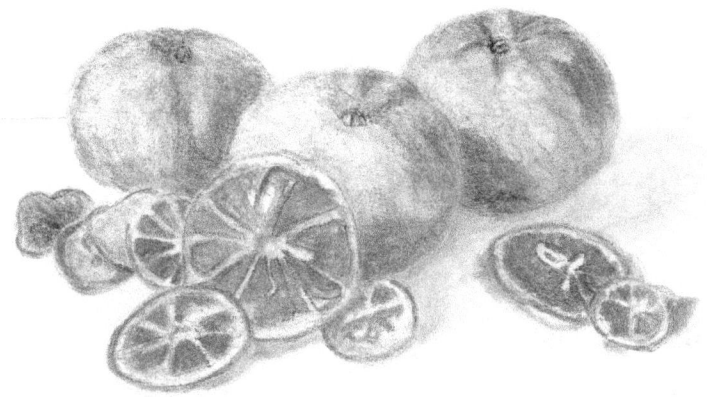

Verwischte Kohle

Tipp für Anfänger:
Viele Zeichenanfänger machen den Fehler zu früh mit der Arbeit an einer Zeichnung aufzuhören. Sie sind dann mit dem Ergebnis unzufrieden, wissen jedoch nicht, was fehlt. Unser vorhergehender Arbeitsschritt (siehe Bild oben) könnte zum Beispiel ein derart unvollendetes Werk sein.

Oft fehlen markante Kontraste und Strukturen, die man erst herausarbeiten muss. Diese Verbesserungen verleihen einer Zeichnung deutlich mehr Wirkung. Vergleiche hierzu einfach das vorhergehende Bild mit den folgenden.

Mein Tipp heißt also: Nicht zu früh „aufgeben".

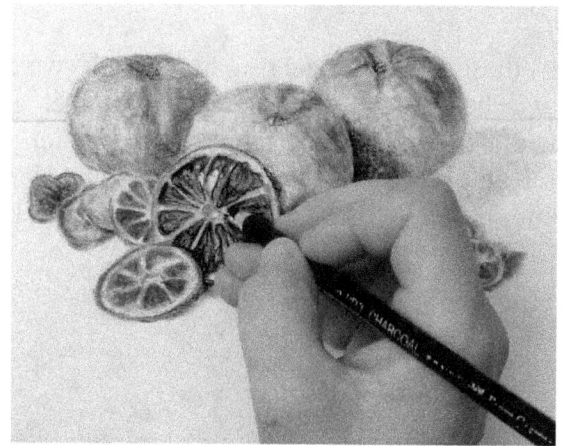

Herausarbeiten von dunklen Strukturen mit einem Kohlestift

Im folgenden Bild siehst Du, wie die dunkleren Bereiche herausgearbeitet werden. Ich habe hier auch bereits Strukturen in die Mandarinenscheiben gezeichnet, die eine sehr plastische Wirkung erzeugen.

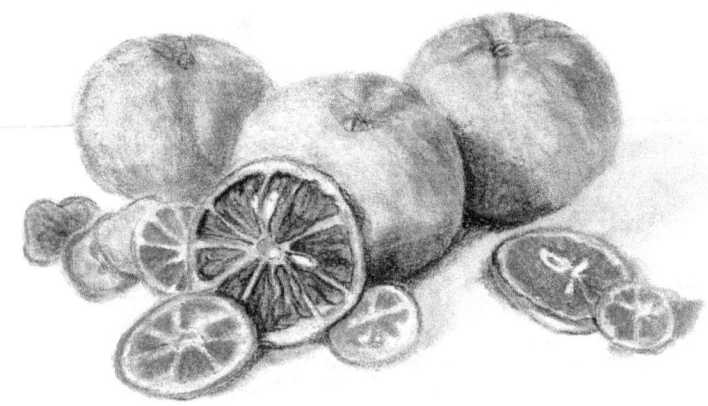

Herausarbeiten von dunklen Bereichen und Strukturen

Auf diese Weise macht man einfach weiter. Man kann die Kohle dabei immer wieder verwischen. Wenn ein Bereich zu dunkel gezeichnet wurde, kann man die Kohle mit dem Knetradiergummi wieder abnehmen und den Bereich dadurch aufhellen. Gerade in Verbindung mit Kohle ist der Knetradiergummi ein wichtiger Helfer. Mit dem Radierstift kann man vor allem die hellen Strukturen der Mandarinenscheiben herausarbeiten.

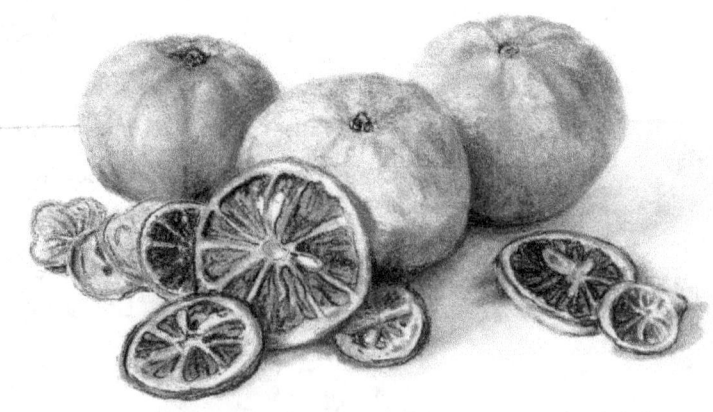

Weitere Schattierung der Kohlezeichnung

Nicht nur als Anfänger muss man immer wieder mal mit einem Radierer Korrekturen durchführen und dann wieder mit dem Kohlestift etwas nachdunkeln, bis man mit dem Ergebnis der Schattierung zufrieden ist.

Für den letzten Schliff arbeite ich immer noch die hellsten Bereiche mit einem Radierstift heraus. Man kann hierfür auch einen weißen Pastellstift bzw. eine weiße Pastellkreide verwenden.

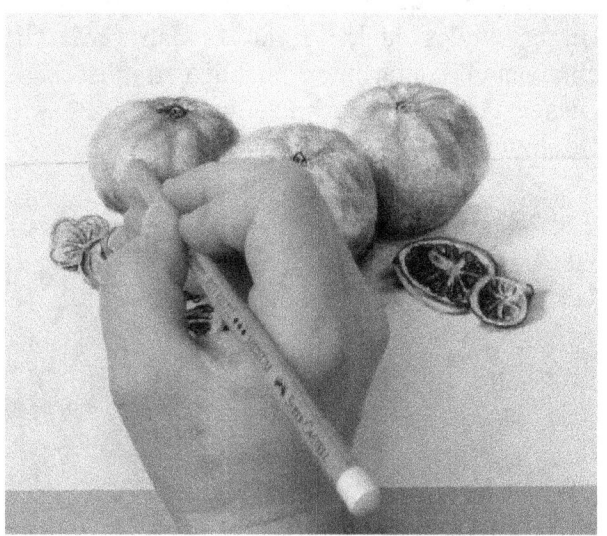

Herausarbeiten von hellen Bereichen

Das fertige Stillleben ist im folgenden Bild zu sehen. Im Vergleich zum vorhergehenden Schritt sind hier noch einige Lichter eingearbeitet, die den Gesamtkontrast verstärken und die Mandarinen noch plastischer erscheinen lassen.

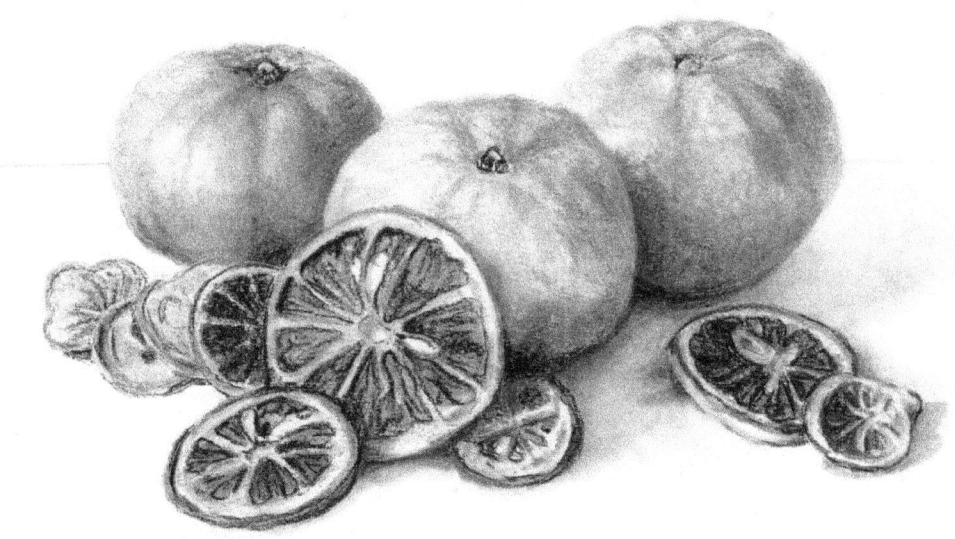

Die fertige Zeichnung

Bei einem Stillleben erzeugt man oft einen schönen Effekt, wenn man einen Teil des Hintergrundes dunkel einfärbt. Man verdeutlicht dadurch auch die Konturen der Bildobjekte, ohne dabei Konturlinien zeichnen zu müssen.

Diese Gestaltungstechnik wurde in unserem Stillleben angewendet und rundet den Gesamteindruck der Zeichnung ab.

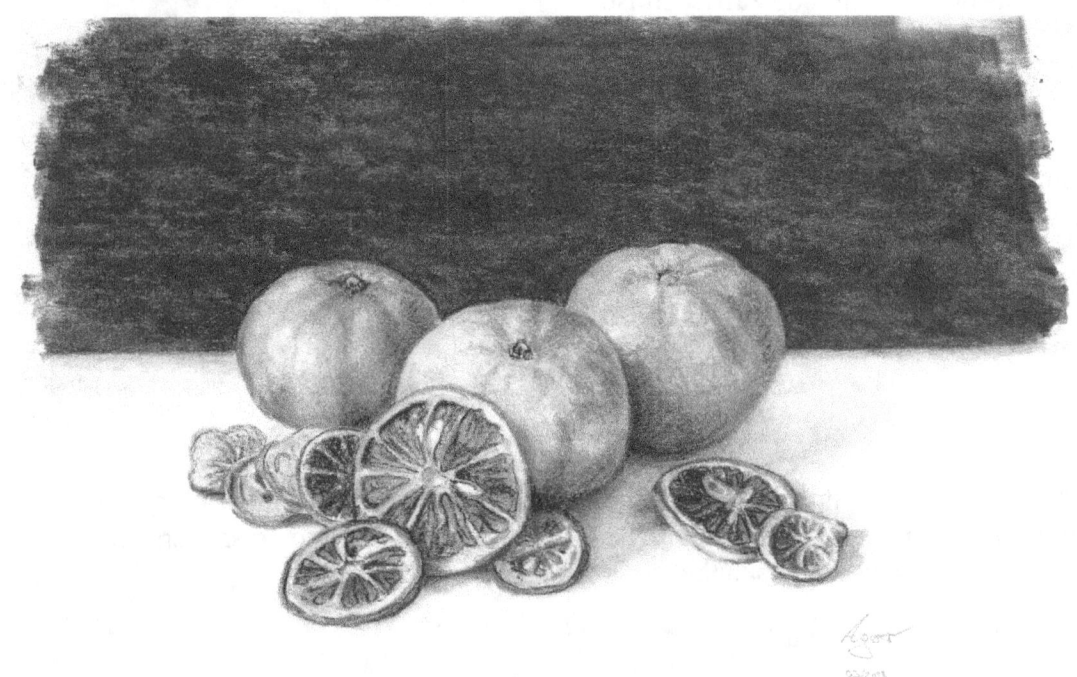

Die fertige Zeichnung mit abgedunkeltem Hintergrund

Hier ist noch eine Detailaufnahme des Stilllebens.

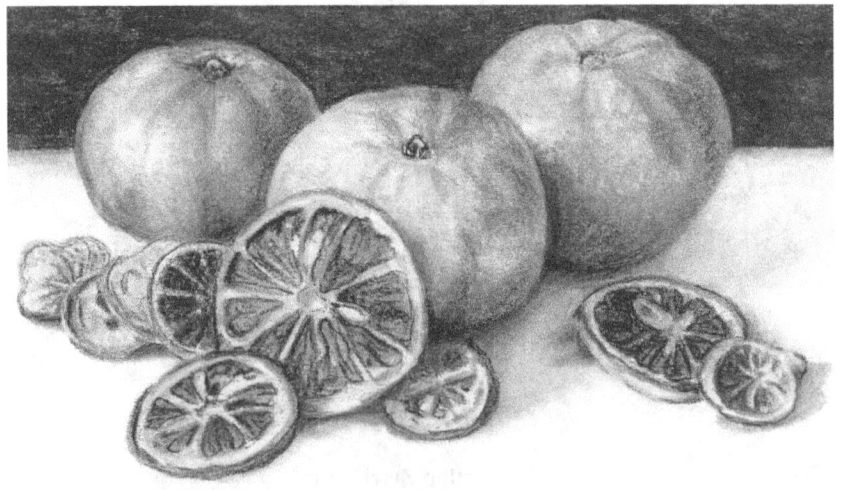

Bildausschnitt

12.2 Übung - Ende

Dies war die letzte Übung in diesem Büchlein. Du kannst nun auf gleiche Weise mit anderen Objekten fortfahren. Verwende am Anfang möglichst einfache Objekte, die Du abzeichnest. Außerdem kannst Du alle Übungen in diesem Buch auch mit einer anderen Technik oder einem anderen Zeichenmedium wiederholen.

Du brauchst die Objekte nicht immer inklusive der Schatten zu zeichnen. Versuche auch ab und zu nur die Konturen mit einer Linienzeichnung darzustellen. Dadurch lernt man das Zeichnen der Proportionen – eine wichtige Übung. Steigere langsam den Schwierigkeitsgrad, indem Du immer kompliziertere Motive wählst. Auf diese Weise werden sich Deine zeichnerischen Fähigkeiten von ganz alleine verbessern.

Tipps für weitere Zeichenübungen

» Zwei Personen stecken in einem Maler - der Poet und der Handwerker. «

- Émile Zola -

13 Tipps für weitere Zeichenübungen

Im Folgenden findest Du noch ein paar Tipps und Inspirationen für weitere Übungen. Als praktischer Helfer erweist sich dabei die Bildersuche in Internet-Suchmaschinen – hier aber bitte immer auf die Urheberrechte achten. Von fremden Fotos abzuzeichnen ist vor diesem Hintergrund nicht unbedenklich – spätestens dann nicht, wenn man die Bilder irgendwo veröffentlichen möchte.

Hier also einige Beispiele für zeichnerisch interessante Motive:

- ein Knoten, der mit einer dicken Schur geknüpft wurde
- Geflochtene Strukturen – wie bei einem Weidenkorb
- Spiralnudeln (sie haben eine recht interessante Form)
- Maiskolben
- diverses Obst & Gemüse (wie Apfel, Birne, Banane, Paprika, Kohl usw.)
- Stuhl
- Flasche
- leicht zerknüllte Alufolie – interessant wegen der komplizierten Spiegeleffekte
- Blätter eines Baumes
- Pflanzen (z.B. Baum, Ast, Palme, Moos)
- Blumen

Etwas schwieriger sind:

- eine menschliche Hand
- Tiere
- Autos
- Gebäude
- Menschen
- Landschaften

Die letztgenannten Motive sind relativ schwierig zu zeichnen und setzen viel Erfahrung und Übung voraus. Wem die einfachen Übungen aber bereits zu langweilig werden, der kann sich auch an diese Motive wagen.

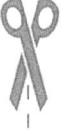

Tonwerte-Skala
zum heraustrennen

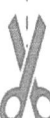

Schlusswort

» Die Kunst ist eine Vermittlerin des Unaussprechlichen.«

- Johann Wolfgang von Goethe -

14 Schlusswort

Das war es leider schon! Wir sind am Ende des Buchs und ich hoffe, dass es allen Lesern gefallen und vor allem auch geholfen hat. Sicher ist man nicht bereits mit dem Lesen und Durcharbeiten des Buchs ein perfekter Zeichner, doch das Buch vermittelt schon mal das wichtigste Grundwissen. In den Übungen habe ich versucht nach und nach viele weitere Tipps zu vermitteln, ohne den Anfänger bereits zu Beginn zu überfordern.

Um die eigenen zeichnerischen Fähigkeiten weiter zu verbessern, bedarf es jetzt vor allem sehr viel Übung. Einige Inspirationen für weitere Übungen habe ich zu diesem Zweck aufgezählt. Mein Tipp ist nun: Zeichne weiter Motive, die Dir gefallen und Spaß machen – der Rest kommt dann von ganz alleine.

Wenn Du Dich bereit für neue Herausforderungen fühlst, kannst Du tiefer in ein bestimmtes Thema einsteigen und im Zuge dessen vielleicht auch ein entsprechendes Buch oder eBook kaufen. Besonders beliebt sind Themen wie Portraits, Menschen, Tiere, Stillleben und Landschaften.

Und wenn Dir dieses Buch gefallen hat, würde ich mich außerdem sehr freuen, wenn Du es Freunden, Bekannten oder auch im Netz weiterempfiehlst.
Vielleicht hast Du auch Lust noch tiefer in die Kunst des Zeichnens einzutauchen? Dann interessieren Dich bestimmt meine folgenden Bücher und eBooks. Darin wirst Du mehr über das Zeichnen lernen.

Außerdem kannst Du mich auf einer meiner Websites besuchen! Dort findest Du weitere Anleitungen zum Thema *Malen und Zeichnen lernen* und viele meiner eigenen Bilder:

http://www.kunstkurs-online.de
http://zeichnen-lernen.markus-agerer.de
http://www.markus-agerer.de/

Danke und Grüße an alle Leser und alle, die mich bei der Erstellung meines Buchs unterstützt haben!

Markus Agerer

15 Quellen

Bücher:

"Underweysung der Messung mit dem Zirckel und Richtscheyt"
Albrecht Dürer der Jüngere; Nürnberg 1525

„Perspektivisch Zeichnen"
Grundlagen zur Darstellung des dreidimensionalen Raums
Autor: Gernot Störzbach;
Verlag: Christophorus Verlag GmbH & Co. KG., Freiburg

„Leonardo da Vinci. Sämtliche Gemälde und Zeichnungen"
Autor: von Johannes Nathan (Autor), Frank Zöllner (Autor);
Verlag: TASCHEN Deutschland GmbH

Internet:

http://www.kunstkurs-online.de

http://zeichnen-lernen.markus-agerer.de

http://www.wikipedia.org

http://www.pharmawiki.ch/perspektive

Buchempfehlung

Zeichnen Grundlagen
Das Grundwissen der Zeichentechnik

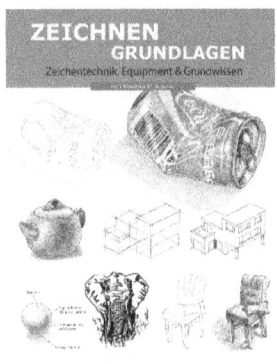

ISBN : 978-1978201422

Landschaften Zeichnen Lernen
Grundlagen, Gestaltung und Übungen

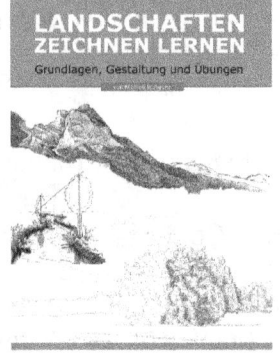

ISBN : 978-1095730065

Architektur Zeichnen Lernen
Bauwerke und Stadtlandschaften darstellen

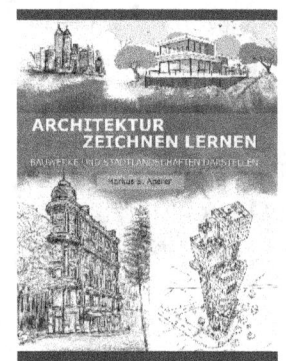

ISBN : 978-3982393209

Zeichnen Lernen
Deine Reise durch die Welt des Zeichnens

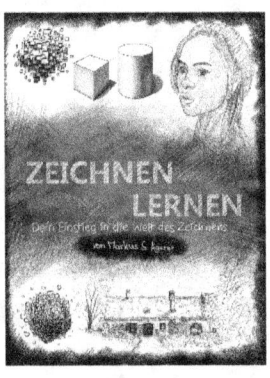

ISBN : 979-8543667729

Stillleben Zeichnen
Technik, Gestaltung und Übung

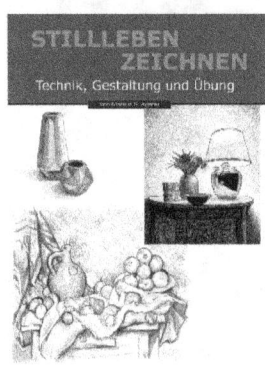

ISBN : 978-1731105769

Natur Zeichnen
Grundlagen, Motive & Übungen

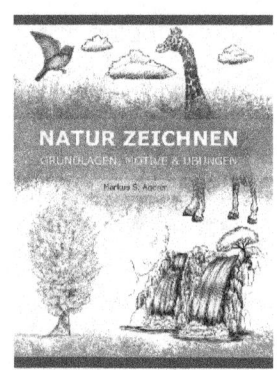

ISBN : 978-3982393230

Perspektivisch Zeichnen Lernen
Die besten Techniken der Fluchtpunktperspektive

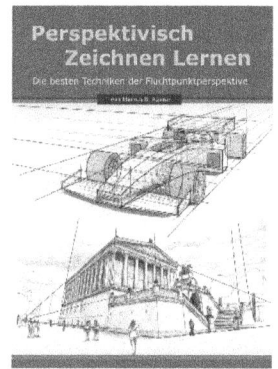

ISBN : 979-8596749960

Perspektive & Raum zeichnen
Die Grundlagen des perspektivischen Zeichnens

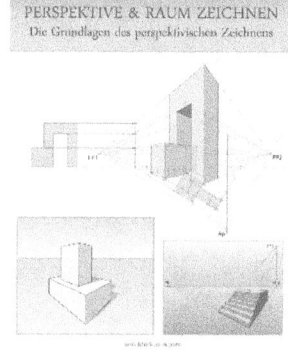

ISBN : 978-1514824245

Bildgestaltung Zeichnen
Gestaltung & Komposition von Zeichnungen

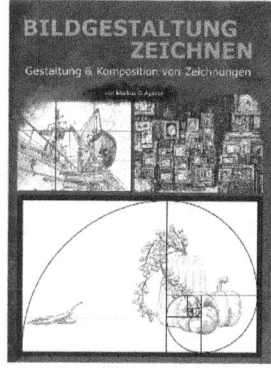

ISBN : 978-1717234728

Bildgestaltung Malen & Zeichnen:
Bildkomposition & Gestaltung für Maler und Zeichner

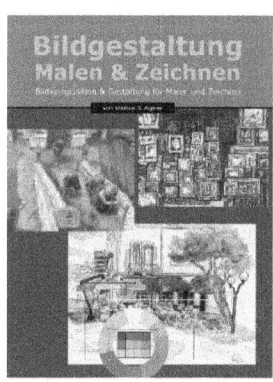

ISBN : 978-1701629356

Einfache Mandalas
Ein Ausmalbuch zum Entspannen

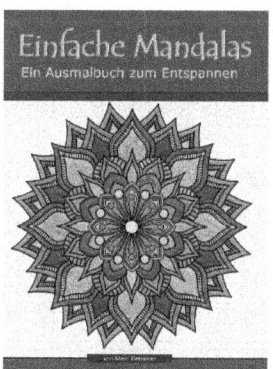

ISBN : 979-8714399732

www.ingramcontent.com/pod-product-compliance
Lightning Source LLC
Chambersburg PA
CBHW082328220526
45470CB00008B/2444